東京・銀座のバー「テンダー」.
手前のカクテルは上田和男オリジナルの
〈ファンタスティック・レマン〉.

東京・銀座の「モーリ・バー」.
手前のカクテルは毛利隆雄オリジナルの
〈吉野〉.

中公新書 1835

枝川公一著

バーのある人生

中央公論新社刊

目次

1　バーへの心の準備……3
バーとは？
人はなぜバーへ行くのか
日本のバーの歴史
ホテルと街場
バーの名前
空間としてのバー
照明と音
2　バーに入る……59
初めてバーへ
バーテンダーとは？
人はいかにしてバーテンダーになるか？
バーテンダーとカクテルブック

3　カクテルを楽しむ……………………………………………………95
「雄鶏の尻尾」の醍醐味
香り立つ
カクテルABC
・カイピリーニャの自由
・ダイキリの熟慮
・ギムレットの戦い
・ジンリッキーの葛藤
・ジントニックの意外
・アイリッシュ・コーヒーの連繋
・マンハッタンの錯綜
・マーティニの至福
・ミント・ジュレップの変容
・ソルティ・ドッグの粋
・サイドカーの危うさ
・雪国の鮮烈

4　バーの時間の過ごし方……………………………………145
・入る前から注文が決まっている　・メニューがない　・同行ふたり、同じ注文をする　・ちょっとちがうお酒を　・いつものお酒とちがうものを　・どんなお酒が苦手かを言う　・「なんでもいいよ」と言う　・「つくるのが好きな」カクテルを尋ねる　・突き出し、つまみを注文のヒントにする　・注文したお酒が出てきたら「ありがとう」　・自分たちの世界に閉じこもってしまう　・「おいしくないものは嫌い」　・二杯目もバーテンダー任せにしてしまう　・チーフがつくる、チーフ以外がつくる　・バーテンダーが客を試す　・バーテンダーが「おいしいですか」と質す　・バーテンダーが、高額の酒へ誘導したがる　・バーテンダーが「奥様ですか」と尋ねる　・バーテンダーがフレンドリー過ぎる　・店の空間が客を拒む　・「予約受け付けます」　・バーで他の店のバーテンダーに遭遇する　・間違い注文を引き受ける　・グラスを割ったときの振る舞い　・グラスを褒める　・二軒目ではバーテンダーに委ねる　・深酔いの客に水はすすめない　・ラインナップにこだわる　・今宵最後の一杯を、ほんとうに最後にさせ

る　・お金の足りない客を温かく遇する　・チャージ　・帰りがけに「ごちそうさま」　・閉店時間がない

あとがき　189

口絵写真・長嶺輝明
扉挿画・桑原　節

バーのある人生

1　バーへの心の準備

バーとは？

「あのバーは、いつも同じ客ばかり来るのかな。カウンターの顔ぶれがこの前来たときと同じ。真ん中で眠っていたのも同じ男だったと思う」

さっきまで一緒に飲んでいた相手が、まるで独り言みたいにそう言ったのは、帰りの地下鉄の階段を下りかけているときであった。もう深夜に近い時間帯であり、電車はあと一本か、せいぜい二本を残すのみになっていた。

ときどき一緒に出かけていくバーがある。それも決まったように、閉店の一時間前とか三十分前に寄る。当然のことに、すでに他で飲んでいる。したがって、二軒目か、ときには三軒目ということもある。酔いは進み、今宵最後の一杯か、せいぜいのところ二杯で打ち止めとしなくてはいけない状態でやってくるわけである。

そこのカウンターは六人で満席になってしまう。そのため、空きがないときには、奥のテーブル席に座ることになる。やがてカウンターが空くと、移らせてもらう。その日もテーブルから移ってくる際に、隣りになった男が椅子の背にゆったりもたれながら、眠っているのに気づいてはいた。口元をやや開き気味にしながら、顔を上向けて、両手はカウンターの端に添えるように、ごく静かな寝息をたてていた。

この前ここに来てから二ヶ月も経っている。一緒の相手は、二ヶ月前にも同じ男が、同じようにして眠っていたというのである。そんなことがあるだろうか。こちらとしては、言われてみればそうかもしれないという程度で、あいまいこのうえない。しかし、相手は自信を持って言う。

「空になっていたグラスの形も同じだった」

「どんなの？」

「漏斗状で、長い脚が付いているの」

「ということは、〈マーティニ〉だろうね。あんたはよく見てるよ」

「ま、そっちみたいに酔ってないからね」

「で、そのときも他に客がいたんだっけ？」

「さっき眠ってたヤツの隣りは、椅子がひとつ空いてて、その向こうにカップルがいたけど、ほら、さっきもいたじゃないか。あのふたりだよ」

と言う。たしかに男女が並んではいた。眠る男と彼らがセットになっていたというのか。すると、こちらはあのときもわれわれということになるのだから、まったく同じラインナップではないか。

つまり、眠る男をはさむようにして、向こうとこっちとふたりずつ、まるで眠る男の平安を守ってでもいるみたいに控えていたという設定である。その同じ光景が、同じ「俳優」たちによって、二ヶ月を経て「再演」されていたと。これはずいぶんできすぎた話のような気がする。

たしかに、この前も眠っている男はいたのかもしれない。それにしても、カウンター全体が、同じだったなどということがあろうか。眠る姿が堂に入っているあまり、わが同行者は、その男を「過大評価」したということはないか。まるで公園につねに立ちつづける銅像のように、男とその周囲をつい永遠化して、いつもそうだと思い込んでしまったにすぎないと言いたくなる。ほんとうのところはわからない。

バーテンダーはと言えば、まるで意に介していないふうだったと思う。男の正面が、この店では、たったひとりのバーテンダーの定位置で、そこでカクテルをつくったり、お酒をグラスに注いだりしている。その動作は、目の前で眠る男がひとりいるいないにかかわらず、まるで変わらなかったであろう。粛々として、いつものとおりにすべてが進行していたはずである。

それにしても、この出来事は、いかにもバーらしい気がする。この光景はバー以外では見られない情景とまで言えるかもしれない。バー特有の、ある種の気配というのか気分というのか、やっぱりバーだよな、と思わせるものがある。それでは、「やっぱりバーだよな」とはどういうことか。それを説明するには、バーの本来に遡らねばならない。

バーは、もちろんbarである。そのもともとの意味は、英語で横に渡した棒を意味している。いまでも、高跳び競技で選手が跳んでクリアしなければならない「横木」などはバーと呼ばれている。酒場がなぜ「横木」になったかについては、お酒と酒場に関する用語の多くがそうであるように、これが定説というものはない。そこで、さまざまな説が勝手に飛び交っている。

一説によると、こうである。開拓時代のアメリカの酒場で、主人が樽からお酒を汲み出して量り売りをしていると、酔っぱらった客が、勝手に汲んでいっていってしまう。フロンティアにたむろする連中のことだから、西部劇映画に出てくるような、ずいぶん荒っぽいのもいたのであろう。この不正行為を防止しようとして、「横木」で酒樽を囲み、バーと呼んだのだという。これがやがて、ひらべったい「横板」へと進化して、現在のようなカウンターになったとされる。

なお、十九世紀の半ばまでのアメリカの酒場は、サルーン saloon と呼ばれていた。これらサルーンの外にはかならず、馬をつなぐための「横木」があった。現在で言えば、クルマを駐めるスペースみたいなものである。酒場に駐車場をつくるなど、飲酒運転を奨励するようなもので、とんでもないということになるであろう。十九世紀のアメリカ西部では酒場は日常生活に欠くことのできない場所である。そこで、サルーンとは馬つなぎの「横木」があるところ、というので、バーの通称が生まれたとの説もある。やがて交通手段としての馬は消えていった。不要になった馬止めの横棒は、カウンターの下に置かれて、足掛けあるいは足置きにされるに至り、酒場全体の呼び名として、バーが定着することになったというのである。

このカウンターをはさんで、店の側と客とが向かい合う。両者を媒介するのがお酒ということになる。

ただし、たしかに対面はするけれど、かならずしも対話をすると決まったわけではない。カウンターは本来、国境のようなものでもある。カウンターの向こうもこちらも、それぞれの「国内」においては勝手に振る舞うけれど、カウンターをはさんで相対する相手には、付き合いのルールがある。お互いに沈黙すべきときは押し黙り、客のほうは隣り同士での会話に熱中することもあり、バーテンダーがお酒づくりに集中していれば、客を顧みる余裕がなくなることにもなる。言ってみれば、たがいに付き合いたいときに付き合うという、フリーな関係である。

眠る男をはさんで座っていたぼくたち二組の客は、彼の自由を見守りつつ、自らの自由を享受していた。また、バーテンダーはバーテンダーで、われ関せずという態度で超然としていたのだから、三者三様である。これがバー本来のありようであろう。横板のおかげで、だれをも侵害せず、だれからも侵害されずにいられる。

カウンターが、バーにおける自由を保障してくれている。大げさに言うと、「横板民主主義」の貴重な現場に居合わせた、バーテンダーを含むぼくたち六人である。その晩は、いつにも増して気分よく帰った。

大阪・北新地に、さらにいまは東京・銀座にも、立飲みのバーを開いている人は、かつて設計者に、こう言われたそうである。

「バーちゅうもんは、板場一枚ここにあって、その向こうに酒の瓶並べる棚があって、棚と板場の間に人格が一個あれば、それでいい。他にはなにもいらん」

ここで言う「板場」とはカウンター、「人格」はバーテンダーのことを指すのであろう。バーテンダーの側から、バーの自由を表現すれば、そういうことになるにちがいない。バーテンダーからも、客の側からも、それぞれのテリトリーは、この「板場」までである。「板場」のどこかに一線が引かれて、対峙する。その線までであれば何が起きようと、店の秩序が乱されないかぎり、許容される。眠っても、あくびをしても、泣き出しても、あるいはまたキスをしても、とがめられる筋合いはない。

それがバーの本来である。たしかにそこは、日常の生活からは外れている。先の立飲みバーの主人は言うのである。

「家で立ったままお酒を飲む人はまずいないでしょう。家にはカウンターもありません。バーへ来るのは非日常です。若干の緊張感があり、だからこそリラックスする心地よさも味わえます」

自由は残念ながら、非日常に集中してある。一方、日常は不自由だらけである。たまたま自由を満喫しながら、遊ぶ快感にひたれる場のひとつ、それがバーであろう。日常のあれこれを置き去りにし、素のままの自分になって、カウンターに向かい、座る。あるいは立つ。

それがバーである。

このバーをめいっぱい楽しむためにはどうすればいいか。バーテンダーとも、お酒たちとも、他の客とも、そしてなによりも、束の間自由になった自分自身とどう付き合うか。ここからバーの奥義に至るための道ははじまる。

人はなぜバーへ行くのか

カナダの南の端を旅していたときのことである。どこか見知らぬ町で、店の出入り口がふたつあるバーに遭遇した。客は、どちらからも勝手に出入りしている。表口と裏口ではなくて、並んでいる。入り口と出口でもない。客はどちらからも出たり入ったりする。ふたつある意味ないじゃないか、と思った。聞けば、かつては男性の客と女性の客とが、それぞれ別々のドアを使っていたということであった。さらに時代を遡れば、女性はバーに入ることを認められてさえいなかった。西部劇映画でも、バーにいる女性と言えば娼婦と決まっている。大方のセックス・ビジネスが男を対象にして成り立っているように、バーでお酒を飲むのもまた男の特権になっていた。イギリスのパブも、最近まで、女性をシャットアウトしていたものである。

女たちを締め出して、男だけが勝手に楽しむ場所、それがバーだった時代は、長くつづいた。その当時は、バーの客がいったん外へ出た途端、そこはふつうの社会である。だから、いかに酔っていようと、何事もなかったかのように振る舞おうと努める。それが男というものだと、思い込んでいたし、そのように仕向けられてもいた。世間一般の常識であった。だから、平気を装って帰ろうとした。それができないで、路上に寝そべったり、ふらふら歩いていたりする男は軽蔑に値すると、「まともな」人々は考えていた。

アメリカで、自分のクルマを運転してひとり帰る男の、後ろのクルマに同乗したことがある。ドライヴァーが「あれを見ろよ」と指さした。見れば前のクルマが盛んに蛇行している。ひと目で酔っ払い運転とわかる。「あんなことしていたら、近所の連中に付き合ってもらえなくなるからな」と、わがドライヴァーはつぶやいた。酔っ払い運転で捕まるよりも、地域社会からつまはじきになることのほうがずっと怖い。こうして少し前までは、バーで飲む特権には、重い責任が伴っていた。

バーは特別なところであった。いまとなってはたしかに、男であろうと女であろうと、だれでもそこへ出かけていくのは自由である。なんの障害もあるわけがない。しかし、長い「伝統」は人々の心のなかになおも残っている。だから、バーへ出かけていくときには特別な気分になる。晴れやかなよそゆきの気分と言えばいいか。他では味わえない。背筋が少し伸び、気持ちが高ぶって、足取りは軽くなる。何かは判然としないけれど、期待感に胸躍る。

男たちの日常的な社交場だったころの記憶は、バーの「閉鎖性」として刻み込まれているようである。それをよそよそしいと感じるか、けじめがあっていいとプラスのほうにとるかは、その後のバーとの付き合いに影響を与えるはずである。当然、はじめに好感度が高ければ、早くなじめる。

お酒を飲みたいというだけだったら、酒屋へ行き、好きなものを買ってきて、自分の家で飲むのが手っ取り早い。あるいは居酒屋や小料理屋、あるいはカフェ、パブ、スナックなど、日本には、お酒を楽しむことのできる場所は無数にある。ありすぎるほどある。海外から東京の盛り場に初めてやってきた人は、街頭に酔っ払いがあっちにもこっちにも出没しているのを知って驚愕するらしい。

同じくお酒を飲むとして、バーとその他の酒の場との間には、大きなちがいがある。バーのドアを開けて入れば、外界とはまったく隔絶された空間がある。だから、バーの扉は厚く、内部がまるで見えないか、あるいはかなり見えにくいようになっている。店の内部は多くの場合、入り口から全体が見渡せる程度の小さなスペースである。カウンターでもテーブルでも、席を占めれば、とりあえずこの空間の住人として認められることになっている。他に客がいても、邪魔されるようなことはない。安心していられる。それはひとりの場合でも、だれかと一緒であっても変わらない。

この空間の支配者は、カウンターの向こうに立っているバーテンダーである。彼または彼女が、この空間の秩序を保っている。西部の町の保安官みたいに、大きな力を持った存在である。万一、客のだれかに他の客の迷惑になるような言動があれば、その言動の責任をとらせ、退出することを求めるであろう。

バーテンダーはお酒をつくったり、選んだりして、客に提供してくれる。客は、帰るときに当然、代金を支払う。

「ただし、私のほうにはお酒を売っているという感覚はないのです。ここにいる時間を楽しんでほしい。もっともっと楽しんでもらうのが、私の役目です。その結果、初めて『おいしかった』と言われるわけだし、お金をいただける。私が売っているのは、したがって時間ということになります」

と、あるバーテンダーは言っている。

時間を売ることが主な任務だから、お酒やおしゃべりは、この特異な場のサポート役というわけである。人は特別な時間を求めて、バーへやってくる。楽しんで帰っていく客は、その特別な時間に対して支払いをしていることになる。あるとき、酔いが進んだ果てに、同行の人が次のように言ったことがある。

「私は忘れないために飲んでいるのだと思う。きょうこの日を忘れないために、このバーで飲んでいる。飲むことによって記憶にとどめる。お酒とともに記憶が身体を回っている。きょうのこの日を噛みしめるために、この場所がある」

バーテンダーから売ってもらった、この時間、この一日を記憶にとどめ、貯蔵する。それはやがて熟成し、いい匂いを放つようになるであろう。後にときどき思い出しては味わい直すこともできる。いかにも贅沢ではないか。

バーにいる間、いまこのとき、という時間、過ぎていこうとしている、きょうという時間を思い切り楽しむ。記憶にとどめられた時間は、別なときに引き出してきて、反芻《はんすう》し、ふたたび味わう。もちろん、こうして時間を買えるのはバーだけではないであろう。しかしそこは、外とは隔絶した、閉じられた空間であるだけに、珍しくも時間が純粋な形で過ぎていくのである。

銀座の半地下のバーである。カウンターから離れたところに、ひとり席がひとつだけある。両側から煉瓦《れんが》の壁が迫るデスクに向かって座ると、正面の書棚に相対する。だいぶ年季の入った図書館の閲覧室か、あるいは、ひっそりとして、家のなかでもとりわけ落ち着く書斎にいるみたいな錯覚に襲われる。店の他の部分ともまたちがう時間が、そこだけに流れているかのようである。バーは、こんなことまでできてしまう。バーのなかにまた別のバーがあるみたいでもある。

このバーには、珍しく掛け時計がある。日常の時間を忘れさせようとしてか、バーにはふつう時計はないものである。ところがここでは、これでもかというくらい大きな文字盤の、真ん丸いやつが、煉瓦の壁にはりついている。あまりにも大仰である。いまの時を告げるためではない気がする。コチコチコチとはっきりと打ちつづける音によって、このバーだけの時間に誘い込もうとしているのではないか。

人は、バーの扉を開けて入れば、別の時間のなかに身を置く特権を獲得する。そのためにバーにやってくる。バーに知り合いとふたりでいて、いまはもうこの世にいないバーテンダーの話題が出たことがある。突然で虚を衝《つ》かれる思いがした。しかも相手は生前のバーテンダーが「ウチでは風を売っている」と語ったと告げる。時間といい風といい、目に見えはしないけれど、その存在は強く感じられる。

バーの時間に取り込まれ、そこに吹き渡る風にもてあそばれる。それこそ至福というものであろう。

日本のバーの歴史

バーのもともとは、すでに述べたように、アメリカからはじまった。新大陸に白人たちが移住してきて、本国イギリスと戦い、国家を建設した。大陸の開拓を進めるうち、インディアンことネイティヴ・アメリカンが邪魔になるというので、これを蹴散らしているころに、バーは盛んになった。十九世紀のことだから、比較的新しい。日本では、封建時代から文明開化の明治へ転換していくころにあたる。それ自体まだあまり歴史のないバーという文化が、時代が大きく動きつつあった日本に入ってきたわけである。

長い鎖国が解かれ、日本の各地に開港場が設けられて、外へ向かう窓の役割を果たした。

そこには、外国人のための街、居留地がつくられた。彼らの生活を支える施設ができた。そのひとつに、バーもあったことになる。

日本で初めてバーがオープンしたのは、万延元年（一八六〇）のことである。幕末の当時、横浜にあった外国人居留地に木造二階建ての「横浜ホテル」が開業し、このなかに、ビリアードのできるバーがつくられたとされる。開拓時代のアメリカが引っ越してきた。西部劇映画にたっぷり描かれているとおりのバーが出現したのであろうか。ただし、カクテルの王様と後に称されることになる〈マーティニ〉もまだ誕生していなかったと思われる。バーはまだまだ殺風景なもので、最初のカクテルブックが世に出るのも、この二年後。バーテンダーの腕が、自在にカクテルを生み出し、客を楽しませる、本格的なバーが出現してくるのは、まだ、先のことである。

明治維新を迎えた日本で、初めての鉄道が新橋と横浜の間に開通したのは、明治五年（一八七二）であった。その二年前、横浜にグランドホテルがオープンする。このホテルは、港に臨む絶好のロケーションであり、三ブロックに及ぶ広壮な建物であった。明治、大正を通じて、日本を代表するホテルである。なお、現在の横浜ホテルニューグランドとは、直接には関係がない。

このグランドホテルに設けられたバーから、日本のバー文化は実質的なスタートを切ることになる。と言うのは、まず、日本で初めてのカクテルが生まれたのがこのバーなのである。さらには、外国人の客を相手に、ここで修業をした日本人バーテンダーが、やがて繁華の中心になっていく東京へ移って、関東大震災以後に花開く本格的なバー文化の発端をつくることになるからである。

まず、明治二十三年（一八九〇）に、ルイス・エッピンガーという人物がサンフランシスコからやってきて、グランドホテルの支配人に就任する。彼によって、まもなく〈バンブー〉というカクテルが生み出された。当時のアメリカで、ドライ・シェリーをベースにしてスイート・ヴェルモットを合わせた〈アドニス〉というカクテルが盛んに飲まれていた。〈バンブー〉は、これに手を加え、さらに「竹」を意味する英語名をつけて、エキゾチシズムを演出したのである。レシピは、ヴェルモット（白ワインベースのフレーヴァード・ワイン）をスイートからドライに変えてある。材料ひとつを変更するだけで、味ががらっと変化する。これは、カクテルの魅力のひとつである。

日本の最初のカクテルが、甘みではなくて、ドライな味わいを志向していたのを知るのは、興味深い。なお、このカクテルは、現在もかなりの人気を保っている。現代日本の名バーテンダーのひとり、尾崎浩司さんのカクテルブックは、シェリーとヴェルモットを2対1の割合で加え、オレンジ・ビターズを少々とある。これはほとんど原型に近いレシピと考えられる。尾崎さんは、ドライなカクテルを志向するバーテンダーで、〈バンブー〉は、そのテイストに合うのではないか。

その数年後、同じホテルのバーから、今度は純正日本生まれのカクテルが誕生する。ジンをベースにした〈ミリオンダラー〉で、スイート・ヴェルモットやパイナップル・ジュース、グレナディン（ザクロ）のシロップ、卵白が加わって、こちらは甘めに仕上げる。華やかな気分のカクテルである。

このカクテルは、大正期（一九一二－二六）にかけて大流行することになり、海外にも広く知られるに至った。これには、浜田晶吾という、草創期の日本人バーテンダーの力があずかって大きい。

浜田は横浜の生まれで、海外を歩きまわりたいという、当時の一庶民としては大き過ぎるほどの野望を抱いていた。そのためにまず語学を習得しようとして、グランドホテルのバーに、はじめ見習いとして入った。大正元年（一九一二）のことである。たちまち腕を上げて、大正三年（一九一四）には、バーテンダーに昇格する。

明治以後、たしかに政治の中心は東京になったけれど、飲食、ファッションなどの生活文化では、大正期になっても、なお横浜がリードしていた。先端の感覚に敏感な人々は、欧米との接点を求めて東京・新橋から汽車に乗り、横浜詣《もう》でを繰り返したものである。これが、やがて変わっていく。すべてが東京に集中するようになるきっかけをつくったのは、関東大震災であった。震災によって荒廃した東京を復興させ、名実ともに首都としての体裁を整えて、すべてをここに集中する動きが、政府の主導で活発になった。これが「大東京」の建設である。

もっとも、その徴候はすでに震災の前に現われていた。飲食で言えば、大正十一年（一九二二）、つまり震災の前年に竣工した東京會舘は、首都東京にふさわしい社交施設を持ちたいという欲求から生まれたものである。皇居前に出現した、ルネッサンス風五階建ての威容を誇る建物は、維新から半世紀を過ぎて、ようやく心のゆとりを持ちはじめた上流階級のための社交場としてオープンした。ここを高級レストランとホテルが合体した施設にしたうえ、地下通路で帝国劇場とつなぐという構想であった。実際には、宿泊施設の営業許可がとれず、ホテルだけは実現しなかったけれど、紳士淑女の社交の場ができたことによって、東京は日本の首都としての面目を施した。

この東京會舘で、はじめバーを任されたのが、グランドホテルから引き抜かれた浜田であった。横浜から東京への「バーの道」が、こうしてつけられた。翌十二年の震災で、不幸にも東京會舘は営業不能に陥り、スタートでつまずいてしまう。しかし、名手・浜田は、当時の銀座四丁目の角で、カフェー文化をリードしていた「カフェーライオン」に三顧の礼で迎えられた。当時の彼の飛ぶ鳥をも落とす勢いについては、次のような文章が証拠になるであろう。

「独りこの店の人気を支えていたのは実にバーテンダー浜田あるがためであった。実際、私は浜田ほどのバーテンダーを見たことがない。(中略)彼は早くから横浜のグランド・ホテルの酒場にあって外人間に名を知られた。彼の洋酒に関する知識、彼がシエカーを摑むときの仕草、それは全く堂に入ったものである。彼が一杯のウイスキーを入れ、ひと匙《さじ》のリキュールを投じるとき、それはきわめて科学的な大医の投薬を見るような心地がする。(中略)バーテンダーの腕は、同種のカクテルを何杯作らせられても常に同じ味であるのが味噌だ。(中略)彼が客への応対ぶりも独特の味がある。取り上げてお世辞をいうのでもなければ、機嫌をとるのでもないが、一種彼の人格からにじみでる暖みは一様にスタンドに立つ客をして尊敬させるようなものを持っている。客から『浜田さん』とさん付けにされるのは彼だけ

である」（安藤更生《こうせい》『銀座細見』昭和六年刊、引用は中公文庫）

バーとバーテンダーとカクテル、この三つが結合してつくられるバー文化の、日本で最初の体現者になったのが、浜田であったと言える。彼が、「大東京」の客たちにしきりにすすめたのが、横浜から携えてきたカクテルの〈ミリオンダラー〉であったという。やがては、このカクテルの発明者は浜田だと信じられるようになったほどである。なお、先の引用文で注目されるのは「スタンド」という表現で、バーは本来、カウンターに向かって立ったまま、つまりスタンディングでグラスを傾けるものであった。カウンターの止まり木に止まるのがあたりまえになるのは、先の大戦の後のことである。

ところで、大正の末年に、「酒ならばコクテール、コクテールならミリオンダラー、雑誌ならば、わが文藝春秋」と謳う広告が、『読売新聞』に掲載された。このコピーの作者は、作家の菊池寛で、彼は文藝春秋の当主でもあった。このコピーは、「ライオン」の常連の作家による、浜田へのオマージュにもなっていたわけである。

横浜のグランドホテルのバーの客たちはまだ、ほとんどが外国人であった。しかし、大正が昭和に変わるころの銀座では、明らかに時代は変化を迎えていた。日本人が客としてどっと登場してきたわけである。留学帰りも、外国航路経験者も、そして外交官や商社員として海外生活を経験した者も出てきた。さらに、これらエリートではない一般大衆には、ハリウッド映画が、欧米の生活に対する憧れをかきたてる。バーは束の間の夢を満たしてくれる場になった。

バーテンダーの技術がものを言うバーが、銀座を中心にいくつも生まれてきた。日本の生活文化が、飛躍的に充実するにちがいないという楽しい予感を、人々は抱いた。しかし、それもわずかの間のことで、やがてやってくる戦争の時代が、せっかく地につきはじめた洋風文化の根を次々に腐らせてしまう。バーもそのひとつである。本格的なバー文化の開花は、戦後もかなり経つころまで持ち越される。戦争はつねに、生活を停滞させ、さらには後退させもする。

せっかく新しい文化の恩恵を享受できたはずの人たちが戦争に駆り出されていき、あるいは戦禍の犠牲になってしまう。人生の楽しみを味わうチャンスが失われる。しかし、やがて戦争は終わる。生活の楽しみが戻ってくる。

根っからのバーテンダー浜田は、戦後まもなくの時期から、日劇（現在の有楽町マリオンの場所にあった劇場）の地下で細々とだがバーをはじめていた。お酒をつくることだけが、彼の喜びだったのであろう。そこへ、彼がかつて横浜のグランドホテルで、〈マンハッタン〉や〈マーティニ〉の手ほどきをした後輩のバーテンダーがやってきて、「じつは、東京會舘のバーで酒場主任をしていますが、まともにカクテルをつくれる『職人』が不足して困っています。客分として来ていただけませんか」と、懇請する。これに応じて浜田は、気軽に出かけていき、シェーカーを思いきり振る。今度の客は、占領軍兵士たちである。自分のお酒をわかってくれる客であれば、浜田には大歓迎であった。

悠然とカクテルをつくる傍ら、英字新聞を読みふける別格バーテンダーとして、浜田は、昭和二十三年（一九四八）まで東京會舘にいた。その後は、日本バーテンダー協会の会長や、東京バーテンダースクールの初代校長を務め、業界の大御所として君臨した。

戦後の日本のバーは、自分の足で立つための最初の一歩を踏み出すにあたって、本格的な「文明開化」を経験する。戦争に勝った側の、主にアメリカ軍将兵が客としてばかりでなく教師として、日本のバーを強く刺激したのである。日本に上陸してきた軍人、兵士たちは、いずれ劣らぬヴェテランの酒飲みであった。寛大な消費者であると同時に、どんな酒がおいしいか、カクテルはどうつくればいいのかを教えてくれた。浜田らより若い世代は、これに大きな影響を受ける。

戦後、日本各地の都市では、ホテルやオフィスビル、商業施設などが接収され、占領軍用施設に転用された。そこには、将校から、下士官、一般兵士まで、階級別にバーが設けられた。浜田が一時いた東京會舘も、占領時代を通して、アメリカ軍の将校クラブ「アメリカン・クラブ」と称していた。

若い世代は、これら軍人たちから、バーの流儀を学んだ。たとえば、〈マーティニ〉をドライにすることも、さらにはエクストラ・ドライ（ドライよりさらにドライ）というのがあることも、彼らに教え込まれた。占領軍の施設だから、物資はふんだんにある。酒瓶は日々に大量に運び込まれるし、氷は製氷機がどんどんつくる。

やがて戦後占領が終わる。街のなかのバーに転職した「占領軍あがり」のバーテンダーは、カルチャーショックを受けることになる。今度は一転してモノがない。電気冷蔵庫など影も形もなく、小さな木製冷蔵庫に、わずかばかりの氷の塊が入っているだけである。その小さい氷を桶でかち割りしていたりする。戦後の物資不足は、長くつづいた。

生活必需品はなんとか手に入るけれど、良質の輸入酒類のような「ぜいたく品」となると、途端にばか高い値段になる。しかも、輸入は制限されているから、いかにお金を出しても簡単には手に入らない。

バーテンダーが技術を駆使して、客とともに切磋琢磨しながら、「おいしいお酒」を提供できるバーを目指すのには限界があった。そのための材料がかぎられている。たとえば、〈マーティニ〉の材料になるジン。輸入品がほしいけれどめったに手に入らない。たまに闇ルートで買えると大事に大事に使った。スーパーマーケットの棚に、ブランドもののジンがあたりまえのように並んでいる現在では想像もつかない。

潤沢になんでも手に入るようになった現在でも、ジンと言えばイギリスのゴードン・ジンしか使わないという老バーテンダーに出会った。かつての貴重品の心地よい感触が忘れられず、他のブランドに手が出ないという。「私らには、引きずっているものがありますから」と話す。「引きずっている」のは、ほしくてたまらないジンを手に入れた喜びの記憶かもしれないし、ほしくても手に入らなかった口惜しさの思い出であるかもしれない。

昭和五十年代までは、この状態がつづいていた。それでも、例外はあった。外国人を多く受け容れる高級ホテルである。これらのホテルのバーの客は、戦後しばらくは欧米のビジネスマンをはじめ外国人が大勢を占めていた。それでも、日本経済が高度成長期に入った昭和三十年代半ばからは、日本人も目につくようになった。もっとも、経営者、医師、弁護士などの特権階級にかぎられていた。数量にかぎりのある輸入洋酒は、優先的にこれら一部のホテルに回された。そして、ごくかぎられた階層の人々だけが、一流の味わいを享受することができた。特権にはつねに、甘い果実がついてまわる。

モノが潤沢にあるところには、情報も集中する。一流ホテルで長くバーテンダーをしていた人が語っている。

「たとえば、〈マーティニ〉を注文するときに、グラスに入れるオリーヴの実を二個にしろとか三個にしろとか、外国人客は言うのです。これって日本のバーではないことでした。当時のほとんどの日本人は知りません。そこでこの情報を、ぼくたちが街でバーをしている人たちに流すわけです。こういう形で、〈マーティニ〉のいろんなありかたが伝わっていったのですね」

バーをめぐる半鎖国状態は、昭和五十年代の半ばにやっと終わる。日本経済が立ち直りの時期を過ぎて、膨張期に入り、良質の輸入洋酒が簡単に手に入るようになった。日本人全体の気持ちが豊かになって、海外旅行やグルメに関心を向ける。洋酒のおいしさを追求し、バーの時間にひたれる心の準備はできつつあったと思われる。

しかし、実際にバーが人々の日常に受け入れられるのは、昭和が終わって、平成に入ってからである。このころ、経済が長い停滞期に入った。一般には、「バブルがはじけた」と言われる現象である。これに呼応するように、人々は、懸命に働き稼ぎまくる日々から距離を置くようになった。代わって、心休まる生活、自分自身が満たされることを目指すようになっていった。

日本の飲食文化をリードしてきた街、東京・銀座では、バブル経済の終焉とともに、社用族と接待費に支えられてきたクラブの閉鎖が相次いだ。おかげで次々に空きスペースができる。代わって、バーが入るのが目立つようになったのが、このころであった。金融機関にはそれまで、バーとは遊技業と同じ類いで、わけのわからないことをしてお金を巻き上げるところだという、牢固とした観念があった。だからこれまで、なかなか資金調達に応じようとしなかった。そんな「水商売」観も変わってきた。バーテンダーの腕がつくりだすカクテルを、個人でまかなえる程度の料金で楽しめる本格派のバーが、やっと市民権を得るようになった。「数年前は店の保証金が億単位でとても手が出なかったけれど、いまはそれが一〇分の一になって、なんとか自分の店が持てた」と、中年のバー経営者が笑顔で話すのを聞いたのもこのころである。

本格派のバーが、東京ばかりでなく、日本各地の都市に広がりはじめた。バーがやっと日本人の生活のなかに入ってきた。市民一般が、暮らしのなかに心のゆとりを求めるようになり、日本のバーが大きく花開くようになった。

ホテルと街場

日本のバーの歴史を貫く赤い糸が二本ある。ホテルのバーと街場のバーである。すでに見てきたように、バーの発達は、幕末以来、ホテルが中心であった。そこは外国人や一部の日本人の特権層が出入りする「社交場」である。ホテルに準じる東京會舘のバーなども、これに含まれる。その一方には、街のなかに生まれ、雑草のように逞《たくま》しく育ってきた街場のバーがある。

ほとんどバー業界用語の感がある表現に、「街場に下りる」というのがある。これは、「ホテルから街場に下りる」、つまり、ホテルのバーのバーテンダーが、街のなかに「下りてきて」、バーを経営したり、そこに勤めたりすることを言う。ここには当然、ホテルのほうが格上、街場は格下という含意がある。

いまでは、この差はなくなった。むしろ、不利な条件のなかでがんばってきた街場のほうが、バーテンダーの技術でも客へのサーヴィスでも格上になったという主張もある。そこで、

「街場に上がるぐらいのことを言ってほしいもの。むこうはホテルを利用する客を相手にしていればいいわけですが、こちらは無から客をつかむのですから。それも、この街のような繁華街では、雑居ビルのなかにはめこまれた数千軒のひとつです。砂浜に落ちたコンタクトレンズ同然で、見つけてもらうまでが大変なんですよ」と不満げな、銀座のバーテンダーもいる。

ホテルのバーには、十分な設備が揃っている。スペースもゆったりとってある。お酒のストックは十分にあるから、客のどんな要求にも応じる態勢ができている。館内には他にも飲食の施設が揃っているので、バーの客が食事を要求しても、楽に応じられる。客の主体は、宿泊客と常連ということになる。かつては、一流ホテルのメイン・バーの客と言えば、先にも述べたように、社会の上層の人たちによって占められていたものである。

ホテルでは、カウンターのなかの従業員は、バーテンダーであるよりもまず、ホテルという組織の一員である。個を売ることはしない。バーが一部の人たちだけのものだったころは、このシキタリがいまよりもっと徹底していた。客の求める酒を黙ってつくり、黙って差し出し、黙って引き下がる。ほとんど会話をすることもない。悪く言えば慇懃無礼、よく言えば懇切丁寧な振る舞いが特徴であった。だから、店内で客に足を踏まれれば、なにはともあれ、足を出した自分が悪いのだと思い込むように教育された。

「自分は、本来ひょうきんな性格なのに、会話をしないから、すっかり寡黙になった。顔が自然と怖くなる。怖いな、と客にも言われるようになった」とホテルのバーに勤めて二〇年になるバーテンダーは話している。

最近では、ホテルにも個性的なバーテンダーが出てきたし、客層もずっと広くなった。しだいに変わってきてはいる。それでも、個々人の伎倆やパーソナリティは二の次で、ホテルの格を表わす、大切なシンボルとしてメイン・バーが存在することでは、いまも同じである。

その典型が、東京・日比谷の帝国ホテルであろう。かつての帝国ホテル本館は、よく知られるように、アメリカの名建築家フランク・ロイド・ライトの設計である。旧本館の一部は現在、愛知県犬山市の明治村に移築されているが、「遺品」の数々が、現在の本館に残されている。その場所がメイン・バーの「オールド　インペリアル　バー」である。壁画、テラコッタ、ライトが好んだという、亀甲模様をデザインした背もたれのある椅子、あるいは客室用ナイトスタンドなど、昔をしのぶよすがをまとめて見られるのは、館内ではここだけのはずである。

最近のホテルは、気軽なラウンジが、華やかさを演出するのに欠かせない場となっている。

それだけにいっそう、メイン・バーは「聖域」の感が強くする。落ち着きと安らぎの場としての価値は、いっそう高まるにちがいない。

ホテルのバーテンダーの団体は、日本ホテルバーメンズ協会という。これに対して、日本バーテンダー協会は、主に街場のバーに拠るバーテンダーによって構成されている。二本の糸はいまも、日本のバーの世界に連綿とつづいている。

街場のバーは、不特定多数の酒好きを客として、生きつづけてきた。ホテルのバーのような栄光はないけれど、よりおいしいお酒をより多くの人に飲んでもらおうと、勉強を怠らずにきた。ホテルのバーのバーテンダーが、街場に下りて、まずびっくりするのは、その徹底した勉強ぶりである。ホテルがこれを追いかけ、追いつこうとし、日本のバーはさらに進化したのだから、飲み手の側にとっては、ありがたい状況である。

街場のバーは、ホテルのように、すでに「仕上がっている」客、つまりあれこれと自分の好みを指定するのがあたりまえになっている客、あるいはつねに同じお酒をオーダーするなじみ客が中心ではない。むしろ、店のほうが、これがおいしいですよ、と提示し、客に好みを発見してもらうところに醍醐味がある。客は客で、おいしいお酒を求めて冒険する。だから、客を納得させるに足りるおいしさを提供できるように、つねに勉強をしなければならない。

「サンボア」という、街場のバーがある。創業の地は神戸だが、現在は、大阪、京都、それに東京・銀座で、一〇店以上が「サンボア」を名乗る。昭和のはじめには、大阪・北浜に一軒だけであったという。昭和四年（一九二九）、北浜の店に、発売されたばかりの寿屋《ことぶきや》（現サントリー）の「サントリーウヰスキー白札《しろふだ》」が持ち込まれた。当時の日本では初めての本格的ウィスキーである。これを店主は一口飲んで、顔をしかめた。この店のウィスキーは当時、スコッチばかりであった。したがって、試行錯誤してやっと製品になった国産ウィスキーの味に大いに不満をおぼえたのは、致し方がないところであろう。

いまならそのまま突き返すところだろうが、そうはしなかった。経営者は、相当な粘り腰の持ち主だったのであろう。どうすればおいしく飲めるかを研究しはじめる。当時は電気冷蔵庫のない時代だから、飲みものに氷を使うことはなかった。したがって、オン・ザ・ロックスなどはない。ともかくウィスキーとソーダを冷やしてソーダ割りにすることに決めた。さらになにかを加えて、飲んでおいしく感じる飲みものに仕立てなくては、と考える。レモン・ジュースをはじめ、さまざまなものを加えて実験した。どれも納得がいかない。最後にたどりついたのが、レモンピールを入れるという一手であった。レモンのピール（皮の小片）をグラスに落とし込むのである。

これで決まった。客も喜んで飲んでくれた。数年後には、同じ寿屋から「十二年もの」の角瓶が発売されたため、これを主材料に用いるようになった。それから幾星霜、「サンボア」の角の〈ハイボール〉は立派に生き残っている。そればかりでなく、「サンボア」各店でシンボル商品になっている。客の間では「角ハイ」などとも勝手に呼ばれて、愛されつづける。

店の努力が、カウンターの向こうの客に「反射」して、さらに光を増す。この打てば響く関係が、街場のバーの面白味であろう。客の嗜好にフィットした途端、そのお酒がたちまちヒットになる。

ところで、〈ハイボール〉というお酒は、先の大戦後すぐの時期に大ヒットした。昭和二十年代にトリスバーからバーテンダー人生をはじめた、老練のバーテンダーによれば、当時、カウンターの端から端まで、客の全員が〈ハイボール〉という光景が珍しくなかったという。ピールを入れるつくり方も広まった。そこで、夕方の開店前に、レモンの皮をスライスしてピールを大量につくるのが、バーテンダーの仕事となった。

このように細かい仕事をコツコツと積み上げながら、客の好みを見つけ、お酒をつくりだす街場のバー。一方、贅沢な場でくつろいで飲めるホテルのバー。それぞれに特徴がある。おのずと使い方がちがってくるわけである。

バーの名前

しばらく前まで、銀座に「クール」という老舗のバーがあった。戦後すぐの時期からずっと、古川緑郎さんという、熟練のバーテンダーがオーナーであった。古川さんは、昭和のはじめ、銀座のバー「サンスーシー」に使い走りのボーイとして雇われて以来ずっと、バー一筋に歩いてきた人物である。

作家の山口瞳も、サントリーのコピーライターをしていた当時、仕事が終わると、銀座通りをぶらぶら歩いて、このバーで、古川さんのつくる〈ハイボール〉を二、三杯飲んで帰るのを楽しみにしていた、という。

開業半世紀を経て、当主が高齢になったため店を閉じた。煉瓦積みのファサードから突き出している袖看板が、いまでも目のなかに残っている。さっぱりした緑色が白色を囲むという色使いで、全体がいかにも涼しげに発光していた。その印象がとても強かったので、店名の「クール」は、英語のcool（涼しい）に由来するのだろうと、決め込んでいた。ところが、このバーとオーナーの古川さんを描いた『銀座名バーテンダー物語』（伊藤精介著、平成元年刊、のちに中公文庫）という本で、アメリカ煙草のKOOLから採ったと、古川さん自身が語っているのを知り、驚いたことがある。

クールという音の響きと、煙草のパッケージの緑色が気に入ったのだという。たしかに、KOOLの箱は、白抜きの文字を爽やかなグリーンが囲んだデザインになっている。さらに、緑は、お名前の緑郎に通じるので、この店名が決定したとのことである。

なるほどと思った。このバーがオープンしたのは、昭和二十三年（一九四八）である。場所は同じく銀座だが、途中で一度移転しているという。昭和二十三年と言えば終戦直後であり、まだおおっぴらに酒類を客に提供する商いなど本来はできない、統制経済の時代であった。当時は闇市だった上野のアメ横まで出かけていって手に入れた酒を、ひそかに知り合いだけに提供していたそうである。しかし、一方には、長い戦争の時代を抜けてきた解放感がある。占領軍の兵士たちが盛んに吸う「洋モク」のKOOLは、LUCKY STRIKEなどとともに、やっと自由になれた人々の憧れでもあったにちがいない。このネーミングからは、当時の東京の街の上に広がっていたであろう、真っ青な空のイメージさえ浮かんでくるようである。

バーの名前は、イマジネーションを刺激する。そのバーがどんなバーであるかを告げてくれる、大切な記号の役割も果たす。

大阪・北新地のバー「リー」のいわれも、なかなかに含蓄が深く、一度聞いたら忘れられないにちがいない。リーとは中国人の李さん、ではない。「家の手洗いにヴィヴィアン・リーのカレンダーが貼ってあったんです。もちろん映画の『風と共に去りぬ』ですよ。それがとってもおしゃれで。それで、親戚のおばはんに頼んで易者に占ってもらったところ、字画が最高と言われまして」と、創業者の早川恵一さんは語っていた。ヴィヴィアン・リーと「おばはん」推薦の易者という組み合わせが絶妙ではないか。イギリス人の名前なのに字画が最高というのもおかしい。店内を包む温かみが、これだけで伝わってくる。

居酒屋が演歌との縁が深いとすれば、バーの近縁にあたるのは、ジャズである。店内のBGMでも、圧倒的にジャズが多い。しかもバーテンダーのなかには、ジャズ好きが目立っている。そこで当然、店名にもジャズに由来するネーミングがよくある。

東京・池袋の繁華街をやや外れた、半地下のガレージと隣り合っているバー「フルハウス」のオーナー、岩田清二さんも、「ジャズを聞いていなかったらバーテンダーにはなっていなかったかもしれない」というほどのマニアである。したがって、この店名は、ジャズ・ギターのウェス・モンゴメリーの傑作ライヴ盤タイトルをいただいている。そして、岩田さんは「客が入らないとヘルハウス」と、ジャズ好きらしくさびのきいた冗談まで言ったものである。「ヘルハウス」はお化け屋敷というところか。粋な人柄が、こういうところにふと現われる。

人の生の瞬間を垣間見る思いのするのが、新宿で重厚な感じのするバー「ル　パラン」を営む本多宏彰さんのネーミング「秘話」である。

本多さんの語るところによれば、バーテンダーの卵だった二十二歳のことという。リュックを背負ってパリにやってきた。映画のポスター専門店へ入った。暇そうな若い店員に話しかけられる。「どんな映画が好きなんだい」と。「『ゴッドファーザー』とか」となにげなく答えると、アメリカ嫌いのフランス人らしく、露骨にいやな顔をする。それでも一枚出してきたのが、その『ゴッドファーザー』のポスターである。この映画のフランス語版タイトルは『ル　パラン』という。意味は英語と同じで「名付け親」である。

このとき、将来、自分のバーを開くことになったら、これを店名にしようと決めたという。

ロマンチシズムが十分に伝わってくるエピソードで、おそらくは何度も訊かれているのだろうが、本多さんは、いかにもうれしそうに話したものである。

西麻布の地下のバーは、店内を壁も天井もカウンターも黒一色に統一されていた。店名は「オレンジ」である。なぜか。オーナーの中山憲昭さんが、スタンリー・キューブリック監督の作品『時計じかけのオレンジ』の大ファンと判明して、疑問は解けた。若者らの究極の暴力を美しく描いた映画が、真っ黒な地下空間によみがえる。

いずれ劣らぬ華やかな来歴のネーミングだが、平凡に聞こえるバーの名前であっても、話を聞くと店の主の思いが反映されていることがよくある。札幌に「ガス燈」という、どこにでもありそうな（実際、よくある店名である）平凡な名前のバーがある。年若いオーナーの小野寺保幸さんは、この名前を、病気のために店をつづけられなくなった前のオーナーから受け継いだ。

「自分は若いのに、あんまり落ち着いた名前なので、しばらく考え込んでしまいました。でも、これから先、長くやっていきたいので、年齢が来ればぴったりした感じになると、考え直しました。あとあとのことを考えた結果です」と話している。名前が似合う自分を思い描きながら、この店名を選択したわけで、これまたなるほどと納得できる。

店の名前のいわれを尋ね、バーの底に流れる、オーナーの人生観、職業観、あるいは人柄を掬《すく》い上げるのもまた、楽しいものである。

空間としてのバー

バーの所在は、初めてのときにはわかりにくいことが多い。建物から袖看板が出ているにしても、たいていは小さく、控えめである。飲食ビルに入っている場合、スナックやクラブに比べると素っ気なく店名だけを表示してあったりするので、見過ごしてしまうことがよくある。なかには、まるでわざと見えないようにでもしているかのように、ドアのガラスに小さく店名をローマ字などで書いてあるところもある。

それでも、なんとか所在がわかったとしよう。次には店の前で立ち往生することが、しばしばである。暗い感じで、厚いドアが立ちふさがっていて、開けられたくないと告げているみたいな雰囲気が漂っていることがよくある。暖簾をくぐって、白木のガラス戸をがらっと開けて入るといった居酒屋の気安さには程遠いものがある。あるいはまた、店の内と外とがつながって境目がないようなカフェのカジュアルさともまたちがう。「いまあなたはバーという特別な空間に入ろうとしているのですよ」と念を押されているようである。

これについて、ある人が、まさにそのとおりと言いたくなる、的を射た発言をするのを聞いたことがある。「外から内部を見づらくする。これってバーの条件のひとつでしょう。ウェルカムではあるけれど、オープンにはしない。それでいて、いったん入ってきた人は温かく迎える。ひとつの世界を構成することへの執着というか、それが昔ながらの日本の酒場とはちがっているところかな」。

扉の向こう側にあるのは別の世界である。よそよそしい扉は、そのことを客に告げるためでもあり、あるいは確認させるためでもある。ここからは、あなたがいつも暮らしている、日常の世界ではないんですよ、と改めて念を押す。だから、あまりに気軽なドアのバーに出会うと、本格的なバーであることの「自覚」が足りないんじゃないかと疑問を投げかけたくもなってしまう。

銀座の地下二階に、取っ手のない扉が立ちふさがっているバーがある。地下まで、それも二階分の階段を下りてきたうえに、これほど不愛想な迎えられ方をするのだから、一見《いちげん》の客はかなりめげるにちがいない。押せばいいのだろうと思ってドアを押しても、びくともしない。もう一度、思いきり力を込めて押す。と、ドアのほうが過剰反応をして、ドーンとばかりに内側へ開いてしまうのである。勢い余って倒れ込むようにして入ってくる客に、白い制服のバーテンダーたちがそれぞれに、「いらっしゃいませ」と声をかけることになっている。客は一瞬、いたたまれない思いをさせられる。おそらく数回通わないと、この扉はスムーズに開けられないであろう。

このような艱難辛苦を経験し、ドアを開けるという行為をなんとかこなすことによって、客はバー空間への第一関門を突破し、別の世界へのパスポートを手に入れることになる。

ともかくも、内側に迎え入れられたら、しばしその場にたたずむことになる。たいていの場合、店のなかは外部よりも暗めであり、映画館ほどではないけれど、かなりの明暗の落差にとまどう。すぐには目が慣れないため、あわててしまい、ともかく一歩を踏み出そうなどとはしないことである。すぐ足元に段差があってつんのめらざるをえないようにできているバーさえある。だから、この暗さを克服するためには、落ち着いて一呼吸入れ、店内を見まわすことである。

多くの場合、バーの空間全体が、入り口を入ったところから見渡せる構造になっている。だから、そこがいったいどんな場所なのか、その全体を把握できる。こうしてだいたいの感じをつかんだところで、二歩目を踏み出す。チェーンの居酒屋によくあるように、従業員がいっせいに大声を発して、客を引きずり込み「拉致」するようなことはないから、その点に関しては、安心していい。

そうこうしていると、カウンターのなかから、「どうぞこちらへ」とか「空いてるところへどうぞ」などという、けっして脅迫的に響くことのない呼びかけがあるはずである。その声に導かれて店内へ進んでいけばいい。

バーのなかで、いちばん重要な部分は、もちろんカウンターである。七ページにも述べたように、バーの発祥は、バーテンダーと客を分けるための横木にあるとも言われるくらいで、バー空間の核心、それはカウンターに他ならない。

だから、オーナーには、カウンターにこだわる人が多い。中国産の花梨《かりん》（マメ科）という樹木がある。ふたつのバーを都内の別々の街で展開している人が、この木を愛して、内装がそれぞれまったくちがうのに、カウンターだけはどちらも花梨にしているというケースもある。木の幹をごろんと横にしたような何気なさには、得難い風格が漂っている。

客にとっては、カウンターでもっとも気になるのは、幅である。たっぷりしていれば、ゆったりした姿勢をとれるうえに、バーテンダーがこちらに迫ってくるように感じないでいられる。そのためには、七〇センチの幅は、少なくとも必要であろう。カウンターは、こちらと向こう、客とバーテンダーとふたつの世界の仕切りの役割を果たすのだから、けじめがはっきりしていることが望ましいのである。もっとも、客との間に必要なのは、むしろ親密感だから、カウンター幅は、グラスが自由に移動させられるぐらい狭いのがいい、という考え方もある。

どれとも異なり、テーブルと合体させたような、巨大なカウンターのバーが、銀座にある。店のなかいっぱいに平鍋が放り出されているみたいで、本来のカウンター部分は、鍋の柄にあたる部分ということになる。「鍋」の周囲に席を占める客たちは、真ん中にぽっかり空いた「空き地」越しに向かい合うことになる。見えない糸に引かれ合っているようでもあるが、他人同士だから言葉を交わし合うことはまずない。それぞれに、歓を尽くして帰っていく。「鍋」に迎えられ送られるバーというのも、思えば、おかしい。

カウンターは、店の顔である。楽しげな表情も、悲しげな顔つきも、ここに並ぶ。だから、カウンターのつくり方について問えば、たいていのオーナーは雄弁に語りだす。カウンターは、バーとはいかにあるべきかについての、それぞれの考え方を表現する場である。

柔らかにカーヴするカウンターをつくったオーナーは、「それぞれのカーヴごとに、ちがう世界があり、さまざまな世界をこの空間に創り出したかった」と言った。「はじめひんやりと、やがて、酒と会話が温かい気分に導いてくれたら最高」という願望を述べたオーナーの店は、総ガラスのカウンターであった。

カウンターの向こうには、たいていの場合、酒棚《バックバー》がある。店の「インヴェントリー」（在庫）や、バーテンダーの好みが、ここに並ぶ瓶の品ぞろえでかなりわかる仕掛けになっている。モルトに力を入れている店は、それらの瓶を目立たせてある。あるいは、リンゴのブランディ、カルヴァドスがずらっと並んでいれば、客は「これってどうしてだろう」と好奇心をそそられたりもする。奇妙な形の酒瓶が目に留まれば、「あれなんですか」と質問することで、客はバーテンダーとの会話の糸口がつかめるかもしれない。

もっとも、酒棚が見あたらないというケースが、ときにある。貯蔵スペースをすっかりどこか店の奥にたくしこんであって、注文のあるごとに、酒瓶をいちいち奥から運び出してくる。寿司ネタの見えない高級寿司店みたいだが、どうも落ち着かないと言う人もいる。

東横線沿線で、初老の女性がひとりで切り盛りしているバーは、またちがっていた。カウンターの上に、すべての酒瓶が並べてある。林立する瓶の向こうで、オーナー・バーテンダーがひっそり仕事をしている。だから、カクテルをつくる手元を覗こうとしても、席から立ち上がって背伸びをしなくてはいけない。まるで「鶴の恩返し」みたいだなという感想を述べた人がいるが、まさに至言ではないか。

カウンターが主役であるとすれば、バー空間におけるテーブルは、カウンターの付属品、あるいは補助席と考えられる。もちろん、テーブル席がない店もある。日本語では「カウンター・バー」という言い方があるけれど、バーとは本来カウンターである。だから、これは同語反復になってしまうおそれがある。一方で、バーにおけるテーブルの地位はかぎりなく低い。テーブルは、客にとってカウンターに座れない場合の緊急避難場所である。それがどんなに立派なものであったとしても。

バーという空間の構成要素として、残るのは、壁と窓ということになる。前者は外部との仕切りであり、後者は外部への開口部分である。バーの本来は、自律的な内部空間を確立することにある。日常とはちがうスペースに仕立てることを目指している。だから、壁は、そのまま放置しておけばいいのである。ことさら飾り立てる必要はない。居心地よく楽しんでいる客に、閉じこめられていることをわざわざ思い出させることもないのである。不愛想であればあるほど、壁を気にしないでいられる。仕切られているのだということを感じないでいることができる。そうなってはじめて、その場に充足できるというものではないか。

もっとも、これを逆手《さかて》にとっているようなバーもある。そこが壁であることを否応なく思い出させるのである。カウンターの真正面の壁一面に、レンブラントの名作『夜警』の複製画を配し、そのうえこのタイトルをそのまま店名にもしてしまっているバーが、池袋にある。カウンターに向かって座ると、まるで美術館の一隅にいるかのような錯覚を抱く。こうなるとかえって、店内が広々と感じられる。「美術館効果」とでも呼ぶことにしようか。壁を意識させることで、この異空間がみごとに演出されている。

これが窓となると、事情はやや複雑になる。壁であれば本来が仕切りだから、どうということもない。存在を意識しなければそれまでのことである。しかし、窓は閉じてしまって外部と遮断してしまったのでは意味がない。むしろ開いておくことで、内と外との区別を明瞭に意識させる方法がある。それに、人間は窓があれば、どうしても外を見たいと思う。日常とはちがう空間をつくることを目指しているバーにとっては、窓の扱いには十分な神経を使わなくてはならないであろう。

銀座のはずれに、夏の間にかぎって入り口脇の小窓を開け放っておくバーがある。窓が開いていると、カウンターのどこに座っていても、外の通りが目に入るようになっている。夕暮れどき、薄暗い店内にいると、日が暮れていく街の移り行きが、まるで据え置きのヴィデオ・カメラで外景を映しているようにも思える。もっとも、常連の客は、きょうは寄らずに帰ろうと思う日には、この窓の外を通り過ぎるのがはばかられるそうである。カウンターのなかにいる店主に「見とがめ」られはしないかと不安な気持ちになるらしい。

天井のすぐ近くに、細長い明かり取りの曇りガラスがはめこんであるのは、北陸・金沢のバーである。他に窓はまったくない。夏の夕暮れ近く、一見でしかも口開けの客だったことがある。こういう状況になると、所在がなくて、明かり取りを見上げているしか手がない。極端な言い方をすれば、独房の囚人が、鉄格子からわずかに見える外界に慰められるようなものである。日が暮れてその窓が次第に黒ずんでいく。夜になっていくんだな、とぼんやり思う。すると妙に心が落ち着いてくるのがおもしろかった。

東京の下町の川べりにあるバーでは、もっと積極的に、外の世界を窓から取り込んでしまっている。そこには、カウンターから振り向くと、東向きの高窓が目に入る。店は明け方までやっている。夜が明けて、日が昇ってくると、陽射しが、その窓からまっすぐに射し入って、ちょうどカウンターに達するようになっている。夜を徹して飲みつづけてきた酒飲みたちは愕然とし、さすがに、もうそろそろ帰らなくてはいけないかと観念するらしい。こうなると、窓も使いようである。

バーは狭い空間なのに、あるいは狭いからこそなのかもしれないけれど、さまざまの工夫が凝らされている。とりわけ窓は内と外との関係を微妙に変える力を持っている。これもまたバーに出かけていく楽しみである。

ところで、バーという密閉された空間は、店の側にはきわめて厄介な問題をひとつ提起している。温度変化がお酒に悪い影響をもたらしてしまうことである。季節によって、細かくは日によってあるいは時間により、気温は高くなったり低くなったりし、当然のことに、人間の意思とは関係なく、温度計の目盛りは変化する。これが、お酒の大敵である。温度が高くなれば、それだけ劣化が早まる。分子構造が「おかしくなる」のだという。

客のほうは、当然のことに、寒い季節になれば暖房のなかにいたいと思うし、暑いときは、クーラーに涼ませてくれと要求する。そのとおりに室温を上げたり下げたりしていると、お酒のほうは悲鳴を上げるわけである。だからと言って、全面的にお酒が喜ぶ環境にしてしまえば、人間のほうの快適さが保証できなくなり、客商売としては困った事態になる。客よりお酒が大事というわけにもいかないであろう。しかし、この二律背反にあえて挑戦して「お酒大事」を貫くバーもないわけではない。

浅草のあるバーは、店内各所の棚に三千本の酒瓶を埋め込んであるが、この貴重品の劣化を防ぐために、寒い季節にも暖房を入れない。耐えられない客には、ひざ掛けが貸し出される。一方夏になれば、思い切りエアコンが効いているから、こちらもやはり寒いのである。人間は、この店では、お酒の前にひれ伏すのである。

同じく東京の下町にある、別のバーでは、女性客のときだけ、冬には暖房を二五℃に設定する「サーヴィス」をするのだという。また、光もお酒の敵で、ここでは、酒棚が暗闇状態である。店内全体もかなり暗い。入り口からカウンターまで手探りでも近づいていけない。したがって、瓶のラベルはもちろん読めない。どんな酒があるのかは、バーテンダーの言葉を頼りにするしかない。

バーの空間はなかなか一筋縄ではいかないし、だからこそおもしろいとも言える。

照明と音

バーを、他とは異なる、独特の場所と感じさせるのに、とりわけ大切なのは、店内の明かりと、そこに聞こえている音である。このふたつは相伴って、客の気分に働きかけて、酔いへ誘うのに貢献する。闇と戯れる明かりと、耳に心地よい音。それぞれ視覚と聴覚に働いて、意識を日常から引き離してくれる。明かりも音も、バーには欠かせないし、それらがあることによって、バーでの時間がいっそう豊かになる。

どちらについても言えることだが、明かりも音もその場の脇役であり、主役ではない。主役はあくまで、バーテンダーと客である。どちらも、これら主役をもりたてるために使われる。だから、明かりと言っても、ハンバーガーショップやコンビニエンスストアみたいに、まっぴかりに明るいということは、バーの場合にはない。デリケートな明かりと音が、酔いを誘い、心地よさを増幅してくれるのである。

バーをはじめようと思い立つと、ほとんどの人が、街路からそのまま入れる路面の店がいいと考える。これは当然であろう。しかし適当な物件を見つけるのがむずかしく、地下や、ビルの上階に店を構えることになることがよくある。そのことを話題にするときのバーテンダーは、いかにも残念そうである。路面の店は、当然、家賃が高い。東京の繁華な街などでは、だいたい路面の空き物件が出ること自体ごく稀である。

にもかかわらず理想的な路面店を獲得できたとしよう。店のつくりはどうなるか。路面を意識してオープンな店づくりになるわけではない。だいたいはそうならない。その典型的な例を挙げよう。

舗道からドアを開ける。まっすぐの通路が伸びている。片側に長いカウンター。そんなつくりの店が、料理道具の街として知られる合羽橋《かっぱばし》にある。高い天井から、乳白色の大きなグローブ型の明かりが数個、連なってぶらさがっているところが、いかにも特異であった。天井からもやもやと散る光は、地下深くかあるいは中空か、どこか定かでないバーを演出している。カウンターのストゥールに腰を下ろすと、向かいの酒棚には、豆電球が二列に並んで連なっている。磨き込んだ真っ黒いカウンターに、その豆電球の明かりがそっくり反射して、まるで光の点が一面にばらまかれているかのようである。

豆電球という明かりは、バーではよく使われる。この店の近くにも、黒く塗った天井に、豆電球が散らばっているバーがある。こうして、天の川をつくりだしている。見上げると、夜空がそこに広がっているみたいに思える。酔っていればいるほど、こういう可愛い仕掛けを目にすると、幸せな気分になるのではないか。

あるいは、渋谷の繁華街に、路上で見上げると縦四メートルに近い大看板に圧倒されるバーがある。しかし、店に入るともっと驚く。六人で満席である。そのスペースは四畳半にも足りないような狭さである。天井に目をやると、四角く区切った「夜空」を天井につくり込んである。そこに星がまたたいている。真っ黒ななかにちかちかと星形の小さな光の点を浮き出させた「夜空もどき」なのである。やがて、宇宙船のバーに座って星の海を眺めている錯覚にとらえられる。ごくごく狭い場所にいながら、遥かな宇宙を近々と感じているというわけである。

バーにいることだけで、すでに日常とはかけはなれた空間を漂っている気分の者の心をいっそう遠くに飛ばし、自由な気分をさらに進めてくれる。それが明かりである。

いかにも闇と戯れるバーらしいと感じる照明が、もうひとつある。それはスポット・ライトである。さらに限られた部分だけを浮き上がらせるピン・スポットというのもある。カクテルをつくるときだけ、ピン・スポットのスイッチを入れて、自分の手元のみをこうこうと照らす演出をしてみせるバーテンダーもいる。暗さを増した店のなかで、バーテンダーの手元だけが浮かび上がり、いまこのときの主役はだれかが、否が応でも明らかになる。

作家の村松友視氏は、「帝国ホテルのメイン・バー」（オールド インペリアル バー）に座ると、バーテンダーが決まって、上から照らしているスポット・ライトの光の輪の端にグラスを置くのを知って、なぜだろうと思いあぐねたという。どうしてもわからず、とうとう訊いてしまう。すると、まず試しに端に置いてみて、客がほんとうはどこに置きたいのかを、その扱い方から見るためだと教えられたという。バーテンダーもバーテンダーなら、客も客である。明かりをめぐる「暗闘」は尽きることがない。

バーの明かりが人の心や感情をかきたてるとすれば、音はむしろ慰撫する側にまわるようである。客の気分の同伴者となって、夜の時間のなかへスムーズに入っていくのを助けてくれる。

どの時間帯かによって、つまり、まだ夜の浅い時間なのか、それとも更けわたって酔いもまた深くなっている時間帯かによって、気分にはかなり差があるはずである。そこで、BGMの曲調を、時間帯によって二度三度と変えていくという、細かい心遣いをするバーがある。客の気分に同調しながら盛り上げようとする。

東京・麻布十番に、カウンターの端の壁に、牛の頭蓋骨の絵を流木で組んだ額縁に収めている、ワイルドなたたずまいのバーがある。夕方の早い時間にここに入ったときには、カントリー・ミュージックが店内に流れていた。インテリアと合わせて、なるほどと納得したものである。ところが、やがて突然ブルースに変わった。時計を見ると午後九時であった。この「転調」が合図になっているみたいに、この後、入ってくる客の姿が目立ちはじめた。客が別の新しい音に誘われて流れ込んでくるかのようであった。客の流れを読んで、店内の雰囲気を巧みに変えるのであろう。

あるいは、わずか二時間しかいない間に、オペラからジャズ・ヴォーカルへと「転調」して、意外な音楽シーンを演出してみせたのは、渋谷のはずれで、女性バーテンダーがひとりで立ち働くバーであった。長い夜のどこの時間にやってきてくれても、客の心を満たしますよ、というサーヴィス精神が込められていると思わせるのに十分であった。

もっとも、バーの音は、音楽ばかりとはかぎらない。音楽を縦糸とするならば、ちょうど横糸のようにして、バーテンダーが「奏でる」妙なる音が絶えず聞こえている。お酒をつくるために、混ぜたり、かきまわしたり、注ぎ込んだりするときに聞こえてくる音は、そうすることで生み出されるであろう味わいへの予感も加味されているからか、耳に心地よくないはずはないであろう。

とりわけ、シェーキングの音は、高くしかもかなり長くつづくだけに、否応なしに気になる。シェークしている間、かさかさかさ、さわさわさわ、と音をたてるカクテルもある。あるいは、ごろごろごろ、とろとろとろと聞こえるカクテルもある。

耳をそばだてると、お酒によってどれもこれもちがう。同じ音がひとつもないことに、やがて気づくであろう。また、耳障りな、うるさい音がまったくないのを知ると、このバーのお酒の味への信頼感が湧いてくる。やがてグラスに注がれた液体を口にする。と、先ほどの音がよみがえる。つくるときの音のいいカクテルはおいしい、おいしいカクテルをつくろうとすればいい音になる、と決め込みたくなる。

そう多くはないけれど、シェーカーを振る際に、ときにきりきりとした高音に遭遇することがある。うるせえな、と心のなかでつぶやいたことも何度かはある。そういうときのカクテルは、決まって納得できなかった気がする。もっとも、音がいやだからまずいと感じたのか、ほんとうに駄目だったのか、そのあたりのはっきりした区別ができているわけではない。

バーの音は、客の心を撫でさすってくれるけれど、ときに毛羽だてたりもするわけである。和ませてくれることもあり、気持ちを高ぶらせることもある。油断がならない。

2　バーに入る

初めてバーへ

バーとはどんな場所かのイメージができたところで、さっそくバーへ出かけてみることにしよう。

そこでまず、バーをよく知っている人に同行してもらって出かける方法がある。ある程度バーに慣れ親しんでいる人と一緒に、その相手が知っている店にまず行ってみるのである。ガイドをしてくれる人を見習いながら、バー入門を果たす。たしかに、これは気が楽だし、間違いのない、安全なやりかたではある。

ただし、その場合も肝に銘じておきたいのは、バーの本来は、ひとりであろうとだれかと一緒であろうと、それぞれひとりひとりが楽しむことを前提にしているということである。群れ集《つど》って歓を尽くすという、日本古来のやりかたとは対極にあるのがバーだということは何度言っても言い過ぎにはならない。これが基本の基本である。したがって、だれかと一緒であっても、その相手に寄りかかって、楽しみを見つけようとするのだけはやめたい。自分の始末は自分でつけることを心がける。自分の責任で楽しみをつくっていく。そうすることによって、今後の「バーのある人生」が実り多いものになっていくにちがいない。

したがって、最初から知己を頼らずに、街を歩いてバーの看板を見つけ、適当にあたりをつけながら、ひとりで入ってみるのもいい。それでは不安だというなら、同様に初心の友人などを誘って出かけることもできるであろう。雑誌やインターネットで、店についての情報を調べたうえで、とりあえず行ってみる方法もある。

いずれにしても、知らない冒険に出かけるみたいで、わくわくするにちがいない。気に入ればよし、気に入らなければそれまでのこと、また別の店を試してみようということにすればいい。あわてることはない。自分の気に入った店に出会うまで、何軒かに行ってみるというのは、たいていのバー好きがしてきたことである。バーには相性というものが大いに作用する。

初めてのバーにかぎったことではないけれど、旅先の街でバーを探す方法を、あるバーテンダーから伝授されたことがある。居酒屋で一杯やりながら、そこの主人に「どこか、いいバーないですか」と尋ねるのだという。この場合、競争相手の居酒屋を訊いているわけではないのだから、主人としても、快く教えてくれるとのことであった。同じくお酒を扱う店のことだから、日々気になっているはずなのである。

ところで、バーの重い扉を開けて入ったのはいいのだけれど、店内を一覧し、「これはハズレだな」と直観することがある。とにかく自分好みの店ではないと感じる。そういう場合はどうすればいいか。あわててそのまま出てくるのも躊躇される。いったん店に入ったのに、なにも買わないというのは、物販店ではあたりまえだけれど、飲食店の場合、なかなかスマートに対処できない。この場合もバーテンダーならではの方法を教えられた。良質の定番スコッチ、たとえばシーヴァス・リーガルなど、どこにもあって、味に安心感の持てる銘柄を指定し、そのソーダ割りを一杯だけいただき、すっと出てくるのだと。これならたしかに、文句が出ないであろう。それに、「一杯損した」と悔やまずに済む。

さて、店に入ったら、主導権は店にある。これが原則になる。自分勝手はご法度である。

ある冬の日のことであった。寒くて、雪の降りそうな晩である。駅前のバーのドアを押して入り、ほっとした。暖房がとても心地よい。コートを脱いでコート掛けにかけた。そうしながら、さあ、何を飲もうかと考えはじめていた。心躍る瞬間である。と、カウンターの向こうから、声が飛んできた。

「お帽子を」

たしかに毛糸の帽子をかぶったままなのをすっかり忘れていた。この店では、帽子をとらず客になることはできないのである。気がつかなかったとはいえ失礼をした。あわててとる。こうして店に溶けこむ。

カウンターにすぐに座り込むのも考えもので、向こう側のバーテンダーの指示を待つ。「どちらでもお好きなところへどうぞ」とか「こちらへどうぞ」という指示に従うようにとすでに書いた。そうすれば安心して座を占めることができるのである。店によっては、いつもの席に座る常連が間もなくやってくることになっているかもしれない。あるいはまた、客の座る位置について、その店なりのポリシーを持っている場合もある。自分を店に委ねる姿勢が、心地よく過ごすための、いちばんのコツであろう。

なお、カウンターが満席の場合、テーブル席が空いていても、これで満足すべきではない。バーは、カウンターをはさんで、バーテンダーと向き合い、しばしの時を過ごす場所である。とりあえずテーブルに座るとしても、カウンターが空いたら移ることをつねに志さなくては、せっかくバーに来た甲斐がない。この点についても、詳しく説明した（四七ページ参照）。

当然、カウンターには横並びになって座る。自分ひとりだけ、あるいは同行者がひとりなら、なんの問題もないけれど、それ以上になると、厄介な障害が発生してくる。メンバーが増えるにつれて、次第にその場を占拠する。バーには、一〇席以下の小ぶりの店が多い。そこで、数人の団体がやってくると、たちまち満席になってしまうおそれがある。これは、それぞれの個人が最大限楽しむというバーの趣旨にも反している。好ましいことではない。団体様ご用達になったバーは、もはやバーを名乗ることはできないとも言える。

そこで、同行者はせいぜいふたりまで、自分を含めて三人が限度であろう。四人になると、カウンターを不当に占めるにとどまらない。飲みながらの会話がふたりずつに分裂しがちになる。三人であれば、和気あいあい、同じおしゃべりの輪を維持していける利点もある。

まずは、カウンターに席を占めることができたとしよう。さて、どうしようか。初めてバーにやってきた者にとって、これが「恐怖の瞬間」である。いったい何をどう注文すればいいのかと迷いに迷う。そのシキタリがよくわからない。「とりあえずビール」というのも、居酒屋のノリのようで、ちがうのではないかという気がする。漠然とウィスキーなどと言ってみても、さまざまな銘柄があり、いろいろな飲み方がありそうである。目の前にいる、初対面のバーテンダーはとりあってくれないかもしれない。そのうえ、変な注文をすると軽蔑されるのではないかなどと、余計なことまで考えてしまう。こうなると、疑心暗鬼になっていくだけである。

筆者の場合、本格的なバー体験は、浅草からはじまった。浅草は東京の下町である。自分自身も、ともかくも下町と呼ばれる界隈に生まれ育っているので、少しは気安いかと思いながら入ったのだけれど、とんでもなかった。初老の謹厳そうなバーテンダーに睨みつけられて（相手にしてみれば、優しく目を向けたのかもしれないが）いるような気がして、すっかり萎縮してしまい、頭のなかは真っ白。しばらく絶句。声も出ない。心身ともかたまった。そのとき、ふいと浮かんできたのが、あるバーボンのブランドであった。かつてどこかで、それを飲んでおいしかった記憶がよみがえった。あわててそれをロックで注文し、冷や汗を滴《したた》らせながらも、なんとか難を逃れた。いま思い出しても身が縮む思いである。初体験にもいろいろあるけれど、バーでのそれは、とりわけ忘れがたい。

後になって、この注文の仕方はまったくの間違いだったと覚《さと》ることになる。ともかく、お酒のブランドやカクテルの名称を「言わねばならない」という強迫観念を捨てること、これが注文する場合の第一歩なのである。

スコッチやモルトの場合、どんな味わいのものが好みかを、臆せずバーテンダーに説明すればいい。バーテンダーは頭のなかのリストを繰り、探し出す。多くの場合、二、三本の瓶をカウンターに載せて、それぞれについて説明してくれるから、自分の好みに近そうなのをともかく選ぶ。そこからすべてははじまる。

また、カクテルの場合で言うと、次の四つの情報があれば、バーテンダーが工夫をしてつくってくれるはずである。

1＝甘めがいいか、ドライが好みか

2＝アルコールは強めか弱めか

3＝ソーダは入れるか入れないか

4＝暑さ、寒さ、涼しさなどの季節感に対応したものがいいか

そのうえに、自分のいまの状態、たとえば食事の前か後かなど、好みや心身の「いま」を伝えれば、あとはバーテンダーが考えるにちがいない。したがって、「二日酔いなんだけど、いいお酒ないかしら？」と訊くことだって、いっこうに、恥ずかしくもなければ、失礼でもない。風邪のための特効薬も用意されている。バーによっては、オリジナルの風邪対策カクテルをつくってくれるところもあるくらいである。

結果、出されたものが飲みづらければ飲んでいる途中で調整もしてもらえる。いまこのときもっとも飲みたいものを最良の状態で飲めるのが、バーの醍醐味と知るべきであろう。

二人あるいは三人で出かけたときに、それぞれがちがうものを注文して、グラスを交換し

ながら、少しずつ飲むことで豊かな味わいに出会うという楽しみもある。バーに慣れていない間は、いろいろな味のお酒に口をつけては、バーテンダーの説明を受けるのもいいかもしれない。ただし、グラスを交換するという行為そのものをよしとしない人もいることを忘れないことである。それぞれが楽しみを最大にするというバーの本旨からしても、強制、無理強いは差し控える。

カクテルでは、ベースになるお酒の好みを知ることから、自分の好きな味わいを見つけていく方法もある。ジン・ベースと言えばジン、ウォッカ・ベースならウォッカがそれぞれのベース、つまり主材料である。だから、ベースのちがうお酒をいくつか試すといい。もちろん、同行者とはちがうベースのものを注文して、比べることもできる。こうしてそれぞれのカクテルを味わえば、自分の好みの、文字通り「ベース」（基礎）がはっきりするにちがいない。

初めて出かけていったときに、ここまでするのはなかなかむずかしいかもしれない。しかし、早い時期から自分の好みを見つけ出す、努力をするのが、その後のバー人生にとって、大いにプラスになる。というのは、バーに通う際にも、基軸がしっかり通っていれば、ブレが少なくて済むからである。いちばん好きな味を発見し、堪能し、それから徐々に、その周辺を試してみる。

ともかく、まずは一杯目。これを乗り越えれば、あとは気分が楽になり、リラックスするはずである。世界が急に開けてくる。それにつれて、バーテンダーの面ざしもどこか柔和に思えてくるから不思議である。照明が温かく感じられ、BGMに慰撫されるような気がする。バーが身近に感じられる。自分がその店の一角を占めていることに違和感を抱かなくなる。こうして、バーへの入門を果たす。

バーテンダーとは？

バーには、かならずバーテンダーがいる。バーテンダーは、バー以外のところにはいない。もちろん、レストランで、ウェイティング・バーがあるところには、バーテンダーがいるであろう。しかし、ここでもバーテンダーはあくまでバーに属しているのであって、「レストランのバーテンダー」ではない。

かつて、銀座の資生堂パーラーの上階に「ロオジエ」というフレンチ・レストランがあった。現在、銀座並木通りにある「ロオジエ」の前身である。そこに、ウェイティングのバーが付属していた。若手のバーテンダー、上田和男さんがここのチーフになった。その後、バー・ロオジエは独立した存在に育ち、バーが目当ての客が増えていった。バーテンダーの上田さんはカクテルづくりの腕を上げ、各種のコンペで優秀な成績を収める。やがては、シェーカーを激しく振る「ハードシェーク」という、独自のシェーキングの仕方で名を挙げるに至った。上田さんは、いまでは、日本のバーテンダーなら、だれでも知っている名手である。やがて、レストランのロオジエが場所を移ることになって、上田さんは独立して、自ら「テンダー」というバーを同じ銀座で開いた。

この足跡は、バーテンダーが、バーとともに育っていく様子をよく伝えている。バーテンダーはバーにとってなくてはならない。バーを生かすも殺すもバーテンダー次第と言っていい。それほどに重要な存在である。その理由を述べることにしよう。

まず、バーテンダーの英語 bartender を分解してみる。すると、bar-tend-er というふうに、三つの部分に分けられる。

ここで思い出されるのは、バーテンという、かつて盛んに使われた、英語風の日本語である。ミステリーなどではいまもときどき目にする。これには差別的な響きがはじめからある。

犯罪報道で、犯人は「バーテン風の男」などとあれば、ハナから悪いヤツにちがいないと思い込んでしまう。バーテンダーをバーテンと言うのは、大変な失礼にあたるのはもちろんだが、それだけではない。先の単語の分解でもわかるように、「バーテン」という言い方は本来の英語表現から程遠いのである。言葉としても間違っていることになる。

なお、アメリカのある英語辞典に、bartenderを「バーでアルコール飲料を混ぜてサーヴする従業員」という説明があった。これは、バーテンほどには間違った観念を伝えるおそれはないようだけれど、バーテンダーの仕事の一部を表現しているにすぎない。そのあたりをはっきりさせておく必要もある。この単語の成り立ちを知ればこの点についても明らかになるはずである。

bar-tend-erと分けてみると、barはもちろんバーである。最後のerは人を表わす接尾辞ということになる。そして、この単語の核心は、真ん中の部分tendにある。これには「番をする」と「世話をする」という、ふたつの意味が込められている。そこで、バーの番をし、併せて客の世話をする人、それがバーテンダーなのだということが、このtendが教えてくれる。つまり、バーという場所と、そこに出入りする客と、その両方をtendする。だからバーテンダーbartenderと呼ばれる。したがって、お酒をつくって提供する仕事も含まれることには、もちろんなるけれど、それはバーテンダーの「任務」のすべてを表現していることにはならないのである。

バーテンダーのことを、イギリスのパブではbarmanとしばしば言うし、barkeeperという言い方もある。それらの用語のなかで、barとerでtendを囲い込むようにしながら、「任務」をはっきりと指し示すbartenderの語は、もっとも正確に、この職業を表わしていると言える。

このことは、バーからバーテンダーという存在を消去してみると身に沁みてわかるであろう。バーの番をする人もなく、客の世話をだれもしない。そんな酒場はまるで廃屋も同然のはずで、もはやバーとして成り立たないにちがいない。

ただし、お客になるほうばかりでなく、バーテンダーを目指す人たち自身も、バーテンダーの仕事がどんなものであるかを、さっぱりわかっていないことが多いらしい。華やかで、カッコいい仕事を思い描きながら、バーの見習いとなり、あるいはバーテンダー・スクールに入学する。華やかにシェーカーを振る、映画『カクテル』(一九八八年作品)の花形バーテンダー役、トム・クルーズと、自分を重ね合わせてしまい、夢のような仕事をつい想像する。憧れや願望は、ひたすら美しい。

札幌のあるバー経営者によると、バイトで採用するとき、将来はプロのバーテンダーになりたいと意気込む若者にかぎって早くやめていくという。バーでの仕事と言っても、はじめは掃除などの「雑用」ばかりで、お酒のことはなかなか教えてもらえない。そのうえ、信じられないほどに地味な仕事の現実にぶつかって、我慢ができなくなるのである。トム・クルーズが演じる、ブライアン・フラナガンの背後には、モップや電気掃除機が隠れているのだとは、まったく想像していなかった若者たちだから、無理もない話ではある。

東京・下町で長くつづいている、あるバーでは、毎日、午後二時半から六時までを掃除の時間に充てている。じつに三時間半ということになる。掃除が終わるとすぐにオープンしなくてはいけない。「バーテンダーの仕事の半分は掃除」という考え方なのである。オーナーは、「バーは、お客さんに安らいでもらう場所だから、お帰りになるときは、ここに疲れを置いていってほしい。そのためにすっかり磨き上げてお迎えするのです」と話している。バーの番をし、客の世話をするのがバーテンダーだという、本来の任務に忠実に従っている店ということになる。

バーにも当然のことに休みはある。休みの日のバーテンダーの行動は、客にとっては謎である。もちろん、店にいないときの彼らあるいは彼女らがなにをしているのかなど、知ったことではないわけだけれど、ときどき、バーテンダー自身が、その知られざる部分をふと明かすことがある。

たとえば、博多のバーで、バーテンダーが「きのうはクルマで広島まで行ってきました」と言うのを聞いたことがある。たまの休日にドライヴとは優雅なものだと思ったけれど、よく聞いてみると、そんな気楽なことではなかった。あまりはやっていなさそうな酒屋を訪ねまわって、年代物のお酒を探して歩いていたのだという。クラシック・ボトル、あるいはオールド・ボトルと呼ばれる、年代の古いお酒にはしばしば、いまのものにはない深みや柔らかみがある。「珍しいのを見つけると、お客さんの顔が浮かびます。そして、あの人が喜ぶだろうなと思うと、うれしくなってくるのです」と言う。

さらには、休日になると、トライアスロン競技やサーフィンに熱中して、閉じられた空間のバーとはまるでちがう場所に遊ぶことで気分を新たにして、カウンターの内側に戻ってくるというアウトドア派も目立つ。

もっとも、休日の過ごし方として、やはりいちばん多いのは、他のバーに出かけて、バーテンダー同士、情報を交換したり、同業者のサーヴィスから学び取ろうとするものである。

これらの過ごし方のどれにも通じていることだが、店のため、客のために、自分の時間をめいっぱい割いている。他の業種と比べると、仕事に打ち込む度合いは群を抜いている。仕事をおもしろがり、楽しんでいるからこそ、できることであろう。

バーテンダーによく似た職業を探してみることにしよう。まずソムリエが近い。ソムリエは、レストランの客とワインとの仲立ちをしてくれる。ワインに対する知識を十分に持っているだけでなく、客の望むものを最高の状態で提供することを目指している。しかし、ソムリエはお酒をつくらない。

これに対してバーテンダーは、もちろんお酒を選びもするけれど、カクテルなどの形でお酒を新たにつくりだす。しかも、客の目の前で、瞬時につくってしまう。カクテルをきちんとつくれるようにならなくては、一人前のバーテンダーとは言えない。そのありようは、マジシャンや錬金術師に通じるものがある。

似た職業として、もうひとつ寿司職人はどうであろうか。バーテンダーがお酒を手作りするのと同様に、両手を使い、ご飯に具を合わせ、みごとな芸術品をつくりあげるのが寿司の板前である。一人前になるには一〇年かかるなどと言われる。技術を磨き、おいしい寿司をつくるために努力を怠らない。バーテンダーも同様である。

ただし、両者には大きなちがいがある。つくる過程に客が参加するかしないかで、板前とバーテンダーは分かれる。職人のつくる寿司には、ほとんどの場合、注文をつけることができない。つまり、客はどうつくるかに参加していない。極端に言えば、客はひれ伏して、出されたものをありがたく押しいただくのがふつうである。

他方、バーでは、客が自分の好みを告げ、望むようにつくってもらえるし、そのように奨励されてもいる。「一〇〇人の客に一〇〇のカクテルがある」と言われる。つまり、カクテルの味はそれぞれの客ごとにひとつずつあるというのである。

さらに、バーテンダーによっては、客の酔いをはかりながら、一杯ごとに、手元でアルコールの量を増やしたり減らしたりして調節するヴェテランも珍しくない。客のほうも、出されたカクテルを一口飲んでみて、ちょっとちがうなと思ったら、それを言うことができる。そうすれば、味を調整してもらえる。

対面販売の飲食にかぎってみると、バーテンダーほど細分化された味とサーヴィスを提供する職種は、他にはないであろう。酒場に入り、バーのカウンターをはさんで向かい合うのは、並みの仕事人ではない。現在では稀になった特異な技術を持ち、これ以上ないくらいきめこまかいサーヴィスのできる人たちなのである。

人はいかにしてバーテンダーになるか？

それぞれの職業に、向き不向きというものがある。バーテンダー向きの素質というものがあるようである。どんな人がバーテンダーに向いていると考えられるのであろうか。

基本は人間が好きでないとバーテンダーにはなれないということである。たとえなっても長続きしないし、客の評価を受けるバーテンダーにはなれないと言ってしまってもいいのではないか。それは、カウンターをはさんで、人の相手をずっとしつづけることが、バーテンダーの第一の仕事だからである。

アメリカの、あるヴェテラン・バーテンダーが言っている。

「ドリンクを混ぜ合わせ、ビールの栓を抜き、釣り銭を正確に渡せるだけではバーテンダーとは言えない。私がバーのオーナーで、店に入っていったら客がひとりだけひっそりいて、バーテンダーが新聞を読んでいたりクロスワードパズルをしていたら、ただちに、彼または彼女をクビにしてやる」

バーテンダーとは、「心の病を治す、夜のドクター」とまで言い切ったバーテンダーもいる。「だから、お帰りになるまでに心を開いて見せてくださいね」と。客への心配り、心遣いの大きさから言えば、かならずしもおおげさな表現ではないであろう。

北海道でオーナー・バーテンダーになって三十年あまりになる女性は、もともと家の手伝いをしていたのだという。そのうちに「ひとりで生きていけるものを身につけたい」と思うようになり、バーテンダー・スクールに通い出した。それでも、バーテンダーになるつもりはまったくなかったという。スクールではコーヒーについても教えてくれるので、その技術とサーヴィスを身につけて、そのうち喫茶店でもはじめようかしら、といった軽い気持ちであった。

スクールで教えてくれるのは中年のバーテンダーで、自分の店に来て実地に勉強してもいいと言われた。そこで、見習いとしてカウンターのなかに入った。それがきっかけで、バーテンダーの道に踏み出したのである。もともと人が好きではあったけれど、客と話すのはやはり苦手で、どんなにがんばっても得手にはなれないなとあきらめていた。だからバーでの仕事は長くはつづけられないだろう、と。

そのうちに、勤めていたバーが火事になって焼けてしまうという災難に見舞われた。再開まで半年はかかると言われた。そこで、電話交換手の養成所に入って、資格をとり、交換業務での就職が決まった。その矢先に、先のバーがもう一度はじまることになった。以前の店で世話になったお礼にと、手伝いにしばらくのつもりで通いはじめた。

「これが命取りになりました。カウンターに入った途端に、やっぱりここが私の場所と思ったのです。人のお世話をするのが、私は好きなんだから、下手は下手なりにやってみましょうと。それでずっといままで来たのです」

そう話している。

この女性は、tender（世話する人）としての資質に恵まれていたのであろう。それは、バーテンダーとしていちばん大事な要素である。このように、天職としてバーテンダーをつづけている人は多い。さまざまな職業があるけれど、天職と見なされるものは、仕事をめぐる環境が激しく変わる昨今では、とくに少なくなっている。そのなかで、バーテンダーは群を抜いて、「天職率」が高いと言える。

当然のことだが、ただ人が好きだからとか、自分に向いているからとか、というだけで、一人前のバーテンダーとしてカウンターを仕切れるわけではないであろう。そのための修業は、しっかりやりとおさねばならない。かつての小僧や丁稚《でっち》という下積み生活のあった時代を知る由もない若者にとって、バーテンダー修業は、きわめて過酷なものに思えるにちがいない。

神戸の三宮《さんのみや》で、震災にもめげずに、小ぶりなバーを維持しているバーテンダーがいる。彼は、レストランのウェーターが出発点だったという。二十歳のときに「手に職をつけたい」と思って、バーテンダーに転じる決心をした。ぜひ雇ってもらいたいバーがあった。評判も聞いていたし、自分でも客になって確かめた。そのオーナー・バーテンダーがパチンコ好きと知り、ときどき姿を見せるらしいパチンコ屋で張ること三週間、やっと捕まえた。ところが、人を雇う余裕がないからと断わられてしまう。結局、別のバーを紹介され、そこに入店する。

テーブル席もたっぷりある、広々としたレストラン・バーである。はじめの三ヶ月はカウンターに近づかせてももらえない。仕事は以前の職場と同じで、できたものを客のところまで運ぶだけの、ウェーター業務の見習いである。「入った当座は、ヘネシーがブランディのブランドだということも、スーパーニッカがウィスキーだということも、ぜーんぜん知りませんでした」という。

三ヶ月の見習い期間が過ぎて、晴れてカウンターに入れたことは入れたのだけれど、テーブル席の客にドリンクをつくる「大きなカウンター」のほうであった。本当のバーは「小さなカウンター」と呼ばれて別にあるのである。こちらに迎え入れられるのは、じつに入店一年半後であった。そこを受け持つバーテンダーは自分を含め、三人である。他のふたりは、それぞれ三十歳年上と二十歳年上で、二十代も前半の自分とは親と子ほどもトシがちがう。それに、はじめはなにもつくらせてもらえない。ふたりの親爺たちの間をうろうろするばかりであった。

この窮状を見兼ねたのであろう。中年の女性客が、「この子につくらせてみて」と言ってくれた。注文は、ウォッカ・ベースのカクテル〈ソルティ・ドッグ〉であった。初めて自分がつくったカクテルを、彼女がおいしそうに飲み、さらにおかわりまでした。このときのことは、いまも忘れないという。

バーテンダーにとって、カクテルづくりは、絶対に通らねばならない関門である。これをマスターしないことにはバーテンダーとは言えないし、本格的なバーで仕事をつづけていける見通しも立たない。店内掃除は別として、お酒にまつわる修業のなかで、もっとも魅力的だが、じつはいちばんつらい部分もまたカクテルづくりであろう。だからこそ、初めて客に出したカクテルは忘れられないのにちがいない。

三十二歳になってバーテンダーを志願したという超遅咲きの人の場合、「おやじ」のつくるのをひたすら見つめていて、手順をおぼえた。しかし、見ているだけではどうにもならないのは、味であり、香りである。どんな味と香りに仕上げればよしとされるのか。カウンターのなかの新米が、勝手につくって口をつけるのは許されていなかった。そこで、「おやじ」がつくり終えて用済みになったシェーカーやミキシング・グラスを洗い場で洗う前に、あわてて鼻先にすべらせながら、すっと嗅ぐ。ともかく香りを嗅いでみて、味を類推するしかなかったという。「だんだんに、このお客さんには酸味を強くしてるんだなとか、天候や季節で微妙に調合を変えないと一定した味にはできないんだとかいうことがわかってくるわけですよ」と話す。そうなると、つくる現場をじっと見ていれば、どういう調合をして、どうつくっているのかが、次第にわかってくる。

駆け出しや見習いのバーテンダー候補生たちが修業のために使える時間は、営業中はまったくない。また、バーが開店する前の時間は、準備に忙しい。いきおい、店が終わってからの「勉強」ということになる。だから、深夜あるいは店によっては明け方になってしまうこともある。営業時間のあいだは、先輩の手元や、シンクに放置された容器からでも、「情報」を盗み取ることに懸命になるしかないとしても、店が終われば、直接教えを乞うことも許される。

新宿のあるバーでは、新入りと店長がさしでカクテルづくりをとことんやるのが決まりになっている。主要なカクテルを毎日ひとつずつマスターする決まりである。ライ・ウィスキーなどがベースになる〈マンハッタン〉が、その日の課題カクテルとすれば、店長が合格点をつける味になるまで、〈マンハッタン〉を何杯でもつくらせられる。一杯ごとに店長が口をつける。「だめだ、飲んでみろ」と突き返されると、それを飲み干さなくてはならない決まりになっている。二杯、三杯と、不合格カクテルが重なり、そのたびに飲み干し、こうして合格点をもらうまでつづく。アルコール度数の弱いカクテルでも杯を重ねれば効いてくるけれど、〈マンハッタン〉のように強いのになると、もうたまらない。終わって帰るときまでにはたいてい、新米バーテンダーはふらふらになっている。

こうした、世間の常識から見るとばかばかしいほどに厳しい修業の経験はなににも代えがたいものである。バーテンダーとしてひとり立ちした後、こうして指導してくれた先輩や師匠に対する、深い感謝の念となってバーテンダーのなかに残る。若いころのつらかった話をするバーテンダーの多くが、その思いを口にする。

初めてのバーで、見知らぬ男のポートレートが壁に掛けてあったり、写真立てに入って酒棚に立てかけられてあったりするのを見かけることがある。この場合、まず間違いなく、仕事を教えてもらい、厳しく躾けられて、この業界で生きていける基盤をつくってくれた恩人の写真である。どんな人だったかを問えば、バーテンダーは、あくまで優しい言葉遣いで、客にとっては縁もゆかりもない人物の思い出を語り出すにちがいない。

東京の東のほうにひっそりとあるバーを訪ねたときのことである。三十代はじめのオーナー・バーテンダーが、もっと若いころは、客に一人前と認められるのがひたすらうれしくて、その気持ちだけで、酒屋を巡り、古いラベルの珍しい酒を一所懸命集めたという話をした。そして唐突に、「ぼくはAさんが好きなんですよ」と、バー好きの間ではよく知られたヴェテラン・バーテンダーの名前を挙げた。Aさんも、お酒を探し歩くことに命を賭けているようなバーテンダーである。

この若いバーテンダーは、自分の店を出す決心をしたときに、その前にもっと修業をしたいと思い直したのだという。そして、Aさんに「お店で働かせてほしい」と願い出た。しかし、弟子はとらない方針だと、にべもなく断わられてしまった。そのとき他を紹介されたけれど、どうしても納得できない。Aさんのようになりたいからこそ店をはじめるので、その願いがかなえられないのであれば、どこへも行くつもりはなかった。だから、そのまま自分の店を開くことにした。

その際、持っているお金をすべて注ぎ込んでしまったので、後には、自宅から店までの行き帰りの電車賃ぐらいしか残っていなかったという。この徹底ぶりはじつは、Aさんのケースを踏襲したものであった。Aさんが店をつくるときもすべてを投入し、結局、お酒を買うお金すら残らない。有名ブランドのスコッチを一ダース借りて開店し、これを売り切ったところで次のお酒を手当てしたのだという。

この若いバーテンダーはAさんのほんとうの弟子ではないけれど、師と仰ぎたいくらいにAさんを尊敬している。とすれば、その後も店を訪ねては教えを乞うているにちがいないと思い、尋ねると、意外な答えが返ってきた。

「使ってほしいとお願いしに行って以来一度もお訪ねしてはいません。Aさんの情熱、そのお酒への打ち込み方には、いまも感銘を受けています。理想的なバーテンダー精神をお持ちです。だから、ぼくもなんとかひとり立ちしたバーテンダーとして、一人前になるまではお会いできないのです」

もちろん、だれかの言い草ではないけれど、人間いろいろ、バーテンダーもいろいろにはちがいない。しかし、大方のバーテンダーに共通しているのは、人に対する関心であり、気づかいであろう。だから、店に来た客が心地よく過ごせるように、最大限努めないではいられない。

一方、バーの客にいちばんに求められるのは、こうしたバーテンダーに対するリスペクト（尊敬する気持ち）である。この気持ちがないかぎりは、どんなに頻繁にバーへ通おうと、お酒の知識をいかに豊富に持っていようと、ひととおり以上のおもしろさ、楽しさを味わえないであろう。

バーテンダーと客は、ちょうどぴんと張った一本の糸で結ばれているようなものである。その糸の先の操り人形、これが客の最上のありかたと思えばいい。バーテンダーは、客という人形たちを踊らせたり、芝居をさせたり、ときには眠らせたりもする。客はもちろん、時間の経過につれて入れ替わり立ち替わり出入りするから、人形の顔も形もそのたびに変わっていく。したがって、一筋縄ではいかない。操るほうのバーテンダーは、それはそれは大変な思いをしているにちがいない。「毎日、ちがうステージをつくるというのが、ぼくのモットーです。しかし、気に入ったステージになるのは、年に一回か二回ですね」と話す、年若いバーテンダーもいる。

操られる客は気楽なものである。バーテンダーに自分を委ねきり、長い夜を漂う。そのうちに、まるで自らの意思で注文し、口に運び、酔っていっているみたいに錯覚しはじめる。

じつは、バーテンダーの意のままになっているのを知らない。こうして、至福の域に達するのである。人間が人形になりきって振る舞う、夜更けの酒場は、マリオネット劇の劇場さながらであろう。

バーテンダーとカクテルブック

いま思い出しても悪夢のような光景がある。

近畿地方のある都市で、駅前ホテルの最上階にあるバーに出かけていった。昼間ずっと、あっちこっちと歩きまわったので、疲労が身体中にまとわりついているみたいな気がする晩であった。こういうときは、〈マーティニ〉を一杯だけいただいて、ベッドに入るのがいちばんである。そんな心づもりで、見知らぬバーに入っていった。

〈マーティニ〉を一杯だけ。このように思い定めても、そのとおりにいくことはまずない。せっかくだから、もう一杯と、途中で方針変更をしてしまうことがよくある。ところが、この夜はそのとおり一杯だけになった。それもとんでもない事情でそうなった。

入っていったバーには、他に客はいなかった。カウンターに向かうと、若い男のバーテンダーが、前に立った。「なになさいますか」。型通りの丁寧な挨拶ぶりである。こちらは「〈マーティニ〉を」と返す。これも型通りではあるが、初めての店でもそうでなくても、最初の一杯で、〈マーティニ〉を注文するときは緊張する。〈マーティニ〉というカクテルについては後に述べることになるが（一二九ページ参照）、そうそうやすやすと注文するというわけにはいかない。おそらくは硬い表情で、声がやや上ずっていたであろう。

このとき、くだんのバーテンダーが、まったく意外な行動に出た。

ふつうなら、カウンターの下に手を伸ばしたり、酒棚あたりをさぐったりして、このカクテルの材料になるお酒や、つくるための道具を集めるものである。ところが、このバーテンダーは、くるっとまわれ右をすると、奥の部屋に消えてしまった。どうしたのであろう。突然、気分でも悪くなったのではないか。まもなく戻ってきた。一冊の本を手に持っている。「少々お待ちください」とこちらに声をかけた後、他に二人いるバーテンダーを呼び寄せた。当方のいるカウンター部分からはいちばん遠いあたりで、その本を真ん中にして、三人が小声で話しはじめたのである。

隣りの部屋から携えてきた本は、間違いなくカクテルブックである。表紙に見覚えがある。

彼らはページを繰り、指をさしながら、なにごとか相談をしているようだったが、やがて話し合いの輪が解けた。この後、最初に注文を聞いたバーテンダーが、〈マーティニ〉をつくった。つくりながら、ときどきすばやく視線を走らせ、カクテルブックを参照する。

カクテルブックは、カクテルのレシピ集である。するとバーテンダーたちは鳩首《きゆうしゆ》協議して、どうつくるのかを相談したのであろう。

こうして〈マーティニ〉はともかくもできてきた。それにしても、バーテンダーが〈マーティニ〉の注文を受けて、同僚に尋ねる風景を目にしたのは初めてである。カクテルブックを参照するという行為にも、あまりお目にかかることはない。

〈マーティニ〉はカクテルの王様と呼ばれるほどの格式と、ネーム・ヴァリューとを持っている。バーテンダーそれぞれ、あるいはその店なりに、スタンダードの〈マーティニ〉があるはずである。バーテンダーはどうつくるか、自分のなかにレシピを持っているのではないか。それが当然と思っていた。だから、この顚末には、驚きを通り越して、啞然としたものである。

当然のことに、と言ってしまっていいと思うけれど、このときの〈マーティニ〉は、みごとに味がばらけていた。ジンとヴェルモットが入っているらしいことだけはわかるというぐらいの飲みものになっていた。ふたつのお酒を混ぜ合わせれば、ともかくこういうことになるのであろう。おかげで、一杯だけで部屋に帰れて、やすらかに寝入ることができたという次第である。

バーテンダーが営業時間中にカクテルブックを開く現場に遭遇しないのは、もちろんつくり方がわかっているからである。

カクテルには無数の種類があるけれど、ふだん注文が出るのは、それほど多くない。たまさかのオーダー分を含めても一〇〇にはならないであろう。したがって、どうつくるかをバーテンダーはわかっているのがあたりまえと考えるべきであろう。つまり、バーテンダーにとって、カクテルブックは、日常業務のなかではまず必要ではないにちがいない。したがって、〈マーティニ〉のレシピを知らなかったらしい、あの駅前ホテル・バーのツワモノたちは、まさに国宝級だと、精いっぱいの皮肉を言っておく。

ただし、バーであれば、店内のどこかにカクテルブックを備えていることもまたたしかである。カウンターの隅に、バーやお酒のガイドブックなどと一緒に立てかけてあることもあれば、酒の瓶とともに酒棚におさまっていることもある。棚の下の抽き出しに突っ込んである場合もあるにちがいない。カクテルブックは、その意味で、バーテンダーには必需品である。と言っても、シェーカーやバースプーンなどの道具類とは「必需」の意味がややちがっている気がする。

大阪・北新地のバー「リー」のオーナー・バーテンダー、早川恵一さんから、こんな話を聞いたことがある。

早川さんはかつて、ロンドンへ行ったときに、大英博物館前の古書店街を散歩したという。初めてのイギリスであった。書店に入りたいけれど、どうしても気後れがしてなかなか勇気が出ない。そのとき、一軒のなかから外を眺めている若い男の店員と目が合った。それが合図ででもあるみたいに、思いきって、そこに入っていく気になった。その店員に面と向かうと、温めていた質問がすらすらと口をついて出る。

「カクテルブックはありますか」

「オー、イエース」

というわけで、店員は梯子《はしご》を持ってきて、上っていき、書棚の上段から、古ぼけた一冊を抜き取って下りてくる。

「ウチにあるのはこれだけだ」

これがなんと、サヴォイ・ホテルの『サヴォイ・カクテルブック』の初版だったのである。

ロンドンでも超一流のサヴォイ・ホテルのアメリカン・バーは、カクテルのメッカとして、いまも知られている。このカクテルブックの初版が出たのは一九三〇年のことで、当時のアメリカは禁酒法の時代の末期にあった。スピーキージーと呼ばれるもぐり酒場が、ニューヨークやシカゴを賑わしていたころである。ロンドンでは、「亡命」アメリカ人たちが、このホテルのアメリカン・バーに集まって、店内は異常な熱気に包まれていた。

このバーの、若いアメリカ人バーテンダー、ハリー・クラドックの手になる初版本は、当時の熱っぽい雰囲気をいまに伝える記念碑のひとつとも言える。

古書店のおにいちゃんが差し出した一冊は、クラドック自身が、ある女性に贈ったものらしく、表紙を開くと献辞が記してある。ところが、贈られた女性は、お酒に関心がなく、なにがなんだかわからないままに売ってしまうか、だれかにあげてしまったのではないかと、早川さんは想像する。

この本にはかなりの高値がついていた。それでも早川さんは思い切って購入した。後でしまったと後悔するくらいの高値であったという。ところが、日本に帰ってきて、知り合いのバーテンダーに、この話をしたところ、即座に「一〇〇万円で譲ってくれないか」と持ちかけられたそうである。

三〇年当時と現在を比べると、レシピはだいぶ変化している。当時は盛んに使われたけれど、逆にいまでは忘れられている材料もある。味の好みや飲み方もだいぶちがってきた。それでも早川さんはこのカクテルブックを大切にしているという。先の駅前ホテルのバーの、自称バーテンダーたちの所業は、この職業とカクテルブックに対する、ひどい冒瀆のように思えてくるが、どうであろうか。カクテルブックは、バーテンダーにとって、やはり「座右の書」なのである。これまでの自分を振り返るよすがでもあるし、ときおり開けば、カクテルづくりのヒントを得られる。

カクテルブックには各種ある。これを一冊世に送り出すことは、一流のバーテンダーであることの証しにもなっている。そこには、カクテルに対する達人の考え方が込められる。だから、後輩たちにとっては、先達の知恵を学ぶ、貴重な場にもなるにちがいない。つまり、バーテンダーという職業の折り目正しさの証しとして、カクテルブックを見ることができるのではないか。

「バー・ラジオ」のオーナー、尾崎浩司さんが、自身のカクテルブックのなかで、次のように述べている。

「本書で採り上げたカクテルのレシピは、バー・ラジオの解釈で多少アレンジしています。

その特徴は、甘さをかなり抑えてあることと、アルコール度数を幾分か軽くしてあることです。甘さを抑えてあるのは、カクテルの材料の種類（スピリッツやリキュール類すべて）に可能なかぎり上等のものを使用し、果物類も新鮮な天然ものを使っているからです。料理や菓子作りでも同じことがいえますが、良い材料で手際よく調理されるなら、人工的な甘味を抑えたほうが、品良く、美味しく仕上がります。アルコール度数を少し軽目にしたのは、健康上の理由からです。美味しいカクテルを何杯かは楽しんでいただきたいのと、翌日の心地よいお目覚めを願ってのことです」（『THE BAR RADIO COCKTAIL BOOK』幻冬舎、平成十五年刊）

ここには、尾崎さんのバーのポリシー、カクテルの味の基本、それに客を思いやる気持ちが込められている。

バーに入って、酒棚のお酒を眺め、バーテンダーの所作に目をやりながら、ふと、カクテルブックはどこかなと思い巡らすのもまた、楽しいものである。

3　カクテルを楽しむ

「雄鶏の尻尾」の醍醐味

お酒を混ぜ合わせる。あるいは混ぜ合わせたお酒に、ミルクなどを加える。このようにして、味わいを複雑にしたり、別の味を醸し出したりすることを、人類はずっと以前から行なってきた。人間だけではない。動物も木の穴に果物のかけらなどをしまっておいて、それがいつの間にか発酵してしまったりということもあったにちがいない。すると、いい匂いに誘われて、動物のお酒を失敬するのも、当然、人間の所業ということになる。

歴史を遡れば、意図してお酒を混ぜ合わせるようになったのは、古代のエジプトや中国が最初だったという。これがいっそう盛んになるのは、大航海時代（一四〇〇ころ―一六五〇ころ）である。ヨーロッパの航海者たちが、中南米やアジアへ出かけていって、現地で使われている香辛料や薬草を本国に持ち帰る。これらを混ぜ込むことによって、いっそう複雑な味をつくりだせるようになった。

こうして混成酒が生まれて、リキュールと呼ばれるようになる。この場合はあらかじめ混ぜてあるわけだが、一方に、その場その場で混ぜては味わう、酒の楽しみ方も行なわれるようになる。カクテルへの旅立ちである。バーはカクテルが豊かになる場を提供した。

アメリカで、独立してからまだ日の浅い一八〇六年、雑誌にカクテルの定義が登場している。それは、「蒸溜酒に砂糖、水、ビターを加えてつくる刺激的な酒がカクテルである」(『ザ・バランス』ニューヨーク州ハドソンで発行)というものである。この雑誌の発行日が五月十三日だったところから、この日が「カクテルの日」となった。

雑誌に登場するくらいだから、実際にはそのかなり前から、混ぜ合わせて飲むアルコール飲料が、一般に浸透していたにちがいない。当然、カクテルという名称もすでに使われていたであろう。

そこで問題になるのが、お酒を混ぜてつくった飲みものが、なぜカクテルと呼ばれるのか、という点である。カクテルは、英語でcocktailと綴る。文字通りには「雄鶏《おんどり》の尻尾《しっぽ》」のことだから、お酒には縁がなさそうに思える。こじつければ、雄鶏の鶏冠《とさか》の赤い色が酔っ払いを連想させるぐらいであろう。

この表現をめぐっては、さまざまな説が持ち出されることになる。お酒と鶏と、イメージの離れ過ぎたふたつをくっつけ、そこに因果関係を見つけよう、あるいはこじつけようとするのだから、イマジネーションの働く余地はいくらでもあるわけである。

あるイマジネーションによれば、カクテルの発祥はアメリカ独立から三年後の一七七九年、ボストン郊外のある村からだと、もっともらしい枕が振ってある。そして、旅籠《はたご》の主人ジムじいさん（姓はわからない）が飼っていた雄鶏が行方不明になるところからはじまる。この雄鶏は、闘鶏会で勝ちっぱなしのツワモノである。いなくなってしまって、飼い主のじいさんは相当なショックを受けたらしく、寝込んでしまう。そこで登場するのが、やっぱりというか、美人で孝行娘のマリーである。彼女は、失踪した雄鶏を探し出してくれた男性と結婚しましょうと、気前のいい宣言をする。

男たちはいっせいに雄鶏探しに乗り出すのだが、近所の男どもはからきしだらしがない。結局、雄鶏を、そして彼女を射止めるのは、若い騎兵将校である。イギリス軍を破って間もないアメリカ軍の軍人さんだから、文句なしにもてる。ジムじいさんもすっかり元気を回復し、村人たちを集めて、雄鶏が戻ってきたことと、娘が晴れて将校の妻になることとを祝って、宴会を催す。

宴は盛り上がり、酔っぱらいたちは、じいさんの家にあるお酒を手当たり次第にバケツに注ぎ込んでしまう。なんだかわからなくなった液体を飲んでみたところ、これが非常においいしい。みんな大喜びの大興奮であった。それまでは、出来合いのお酒を大事に賞味してきたから、こんな飲み方があるのをだれも知らなかったらしい。混合することで、味がよくなるのか。酒飲みにとってはこたえられない朗報ではないか。これもあの雄鶏のおかげということになり、このまぜこぜ飲みものを「雄鶏の尻尾」、つまりカクテルと名づけたのが発端になっているというのである。

さらに、別のイマジネーションによると、時代はもう少し遡る。アメリカの独立戦争中の出来事ということになっている。独立後に一時首都になったくらいで、そのころから立派な街だったニューヨークに、独立派を強く支持する酒場のおかみがいた。当然のことに、彼女の店は、独立軍の兵士たちの溜まり場になっていた。ある日、反独立派の大物の屋敷から雄鶏を盗んできて、これを締めてつくったローストチキンが客たちに振る舞われた。この酒場ではすでに、お酒を混ぜるのはあたりまえのことになっていたそうで、それぞれ、好みのドリンクに、その「カタキの」雄鶏の尻尾を飾ったという。酒場中に「万歳」の声が上がった。「鶏の尻尾万歳」の雄叫《おたけ》びがこだまする。「反独立派の鶏」の尻尾で飾ったお酒を飲むのだから、思い切り気勢をあげないわけにはいかない。こうしてカクテルは「元気の出る酒」のことになった。

他にも諸説があるけれど、時はだいたい一八〇〇年前後で、アメリカでのこととするものが多い。しかも、カクテル誕生伝説の主人公には、兵士たちがよく登場する。カクテルは上流階級のとりすましたサロンから生まれたのではなく、気のおけない酒場で、時代の元気を背負った連中の宴に端を発していることが想像できる。

新大陸アメリカの元気の素として、カクテルは十九世紀を通じ、次第にその種類を増やしていった。また、西部開拓によってフロンティアの町が生まれ、どの町のメイン・ストリートにもバーは欠くことのできない「装置」になった。二十世紀に入ると、「ロアリング・トゥエンティーズ」(咆哮する二〇年代)と呼ばれた一九二〇年代に、禁酒法の網をかいくぐり、ギャングたちが密造酒のマーケットを牛耳る。シカゴでも、ニューヨークでも、もぐりのバー、スピーキージーが繁栄し、カクテルも成熟していく。お酒は禁止されているがゆえに、かえって人々を引きつけたのである。

ただ、混ぜるだけではなく、材料の比率、混ぜ方、あるいは、グラスの形状に至るまで、さまざまの工夫が凝らされた。カクテルは洗練され、やがてひとつの文化になっていく。

もっとも簡単なカクテルは、一種類のスピリッツ(ウィスキー、ブランディなどを除いた蒸溜酒。ジン、ウォッカ、ラム、テキーラなど)にフルーツ・ジュースを混ぜて、氷の入ったタンブラー（脚や柄のない大型の平底グラス）でサーヴする飲みものであろう。この場合、ジュースによってアルコールの味や匂いを消そうとするケースが多い。ジュース感覚の飲みものだから、しばしばストローがついてくる。飛行機のなかで、スチュワーデスが混ぜてつくってくれる飲みものも、立派なカクテルである。

あるいは精一杯飾り立てた〈スクリュー・ドライヴァー〉。氷の入ったグラスにウォッカを注ぎ込み、オレンジ・ジュースで満たす。「工程」はそれだけだが、カットオレンジ、マラスキーノチェリー、ミントなどを添えて、華やかなデコレーションにしている。

西麻布のバーで、底が不安定なグラスに、ホワイト・ラムとライム・ジュースと砂糖を入れてかきまわす飲みものが出てきたことがある。テーブルの上でグラスが勝手に傾いたり回ったりするのがおもしろい。こうしているうちによく混ざりもするであろう。カリブ海のマルティニック島では、〈ティー・ポンシュ〉と呼ばれ、ラムのもっともポピュラーな飲み方という。成分はカクテルの〈ダイキリ〉と同じだが、そのまま混ぜるだけというところがちがっている。したがって、シェーカーを優雅にあるいは激しく振る動作に、うっとりするということもない。

このカクテルは、ラムというスピリッツの楽しさを思い切り広げてくれる。ラムのふるさと、カリブ海地方のくつろいだ気分に、しばしひたれるのである。カクテルの原点には、楽しくて陽気な気分が横溢している。

カクテルはやがて、混ぜ方にこだわり、混ぜる材料を吟味するようになる。カクテルづくりに使われる素材は三種類、四種類と多くなる。つくるのにも、サーヴするにも高度の技術が必要になる。とりわけ、シェーカーを振ったり、長いバースプーンを操って液体を攪拌するテクニックは、熟練を要するし、視覚的にも、カクテルづくりのハイライトと言える。フルーツには積極的にフレッシュを用い、苦みを出すビターズや甘みを醸すスイートナーなどの脇役も欠かせない。こうして微妙な味わいをつくっていくのが、カクテルを扱うバーテンダーの務めと考えていい。

カクテルを生み出したのも、「成長」させたのもアメリカ人である。カクテルは、アメリカが生み育てた生活文化のひとつと言える。したがってアメリカ人は、少なくともお酒については、ヨーロッパにコンプレックスを抱いていない。いまも新しいカクテルがアメリカで次々に生み出されているのは、そのなによりの証拠になるであろう。

アメリカ人はカクテルになにを求めたのか。それは生きていることの喜びである。さまざまの工夫をして、繊細な味わいをつくりだし、感覚器を微妙に刺激することで、生を実感させる。そのために、お酒のヴァリエーションを極めたのである。

「カクテルを楽しむ人は、人生を楽しんでいる」と言ったバーテンダーは、「だからぼくたちも、いつもわくわくして勉強しなくてはいけないのです」と付け加えた。この「わくわく」感は、カクテルを通じて、客に伝わる。したがって、バーにおけるカクテルは飲みものであるばかりでなく、人と人をつなぐコミュニケーションの手段になっている。お酒に気分を乗せて伝える。それは客同士の間にも広がる。アメリカ人は、味なことをたくらんだものである。こうして喜びや楽しさが、バーのなかにばらまかれることになれば、それがカクテルのいちばんの効用になるであろう。

だから、カクテルづくりにたけたバーテンダーは、客を注意深く観察し、その日そのときにぴったりのカクテルをつくろうと努める。

とはいえ、いかに熟練していても、初めて店に入ってきた客に対して、ただちにその好みを見抜いて最適のカクテルをつくるなどという魔法を行使することはできない。

バーテンダーは、どのようにして、見ず知らずの客との間に気持ちを通わせようとするのであろうか。まず、スタートは中間的な味である。平均的なレシピで一杯目をつくる。これが「船出の一杯」になる。二杯目に移るときに、それとなく一杯目に対する反応を見る。辛めがよかったか、もっと弱いほうがよかったか、など。つまり、客の反応によっては、心のなかで「しくじったかな」と舌打ちする気分のときもあるわけである。さあ、二杯目はがんばるぞ、と内心で決意しながら、棚の酒瓶と向かい合う。とくにカクテルは一杯一杯が勝負であり、できたてを消費するからこそ、客の「いま」を満たすお酒でなくてはならない。

カクテルの永遠のテーマは、「強くなくて辛口で」だと言われる。辛口にするとアルコール度は強くなり、逆に弱めのカクテルをつくろうとすると、どうしても甘口になってしまう。バーテンダーとしては、心のうちでは、だったらカクテルではなくてドライ・シェリー(ドライタイプのアルコール強化ワイン)でも飲んでいればいいじゃないか、とつぶやくことがあるという。これなら、アルコール度数はさほど高くない(二〇度前後)が、正真正銘の辛口である。もちろん、そんなことを客に言うわけにはいかない。

また、カクテルには、「おいしいお酒をもっとおいしく飲む」と「飲みにくい粗悪なお酒を飲みやすくする」という、厄介な、ふたつのテーマもある。もっともよく考えてみれば、これらは、それぞれのお酒の味を向上させるということでは、同じミッションだとも言える。そこからは、生《き》のままのお酒を超えて、だれにもできない自分のお酒をつくるのだ、というバーテンダーの意気込みが聞こえてきそうである。

バーテンダーがすすめる、賢いカクテルのたしなみ方がある。長いグラスのロング・カクテルはともかくとして、小さめのグラスのショート・カクテルの場合には、いつまでもだらだらと飲んでいるのではなく、早めに仕上げて、後口《アフターテイスト》を楽しむことである。だれかと一緒に来ていれば、しばらくおしゃべりに興じるのもいい。酔いがうっすらと落ち着いてきたころに、次の一杯に移ると、スムーズに酔いの山と谷が繰り返され、心地よい気分が持続するにちがいないという。

変幻自在に、華麗にもなれば地味にまとめることもできるカクテルの魅力は大きい。しかし、これをつくるバーテンダーにとっては、重労働であることも、知っておきたい。

とりわけ、シェーカーを振るのは、大変な力仕事になる。東京の一流ホテルのバーで鍛えられたバーテンダーによると、一日五〇〇から六〇〇杯もつくったという。若いときはともかく若さにまかせて振りつづけたけれど、年をとるにつれてつらくなる。とくに握力がなくなってくるので、振り終えるとがっくりくるのだという。

博多一と言われるバーからスタートしたバーテンダーは、若かったころの思い出でもっとも痛切なのは、午後七時から午前三時まで、お酒をつくりつづけたことだと話している。ちょうど世の中はバブル最盛期であった。八時間ずっとトイレへも行けずに立ちつづけた。我慢し切れずにトイレへ向かいかけると、先輩にぎろっと睨まれる。こうして九年勤めて、四五万杯に及ぶお酒をつくった。二十年分も働いた気がしたという。多くがシェーカーを振ってつくるお酒で、これが一日数百杯に及ぶ。次第に手がしびれて言うことをきかなくなる。

「カクテルのなかでも、ステア（ミキシング・グラスの材料をバースプーンで混合すること）はまだ楽でいい。だから、シェーカーの要らない〈マーティニ〉や〈マンハッタン〉の注文は、とりあえずありがたい。つくり方は神経を使うとしても」という言葉には、実感がこもっていた。カクテルにはバーテンダーの「苦業」が伴っている。

香り立つ

カクテルを楽しむにあたって、グラスに口をつける前に注意したいのが香りである。まず香り立つことによる刺激が、カクテルの入り口になる。

「レモンピールする」という、ふつうにはなじみのない言い方がある。たとえば、カクテルの「王様」と呼ばれる〈マーティニ〉をつくるバーテンダーが、最後に、薄いレモンの皮の細片を二つに折り曲げ、指を優雅に左右へ動かしながら搾《しぼ》る。これが「レモンピールする」である。その瞬間、グラスの周囲にレモンのエキス分が霧状になって飛び散る。そこにライトが当たっていたりすると、それはそれは美しい。思わず見とれてしまう。

はじめ、お客を喜ばすためのパフォーマンスだろうと、思い込んでいた。ところが、あるバーテンダーに、香りへのこだわりを諄々《じゅんじゅん》と説かれたことがある。そのときは、文字通り驚愕した。

もっとも、そのバーテンダーにしてもはじめは、「あんなもん、ぴゅっとやるだけでいいんだ」と思っていたとのことである。ところが、尊敬する「先輩」から、次のように教えられたという。

「レモンのピール（皮）には苦みと香りと、ふたつの油成分がある。苦みの油分は重たくて、搾るとまっすぐに落ちる。一方、香りを持っているほうは非常に軽いからフワーッと飛ぶ。苦みをグラスに入れてはいけない。そこで、ピールをグラスから一〇センチから一五センチ離し、斜め上四五度の角度で搾りなさい。こうすると、苦みはグラスの外に落ちてしまい、軽い香りだけが飛んできて〈マーティニ〉に降りかかるよ」

言われたとおりにやってみると、たしかに液体に苦みが入ることなく、香りが立つ。「先輩」の言うことが、一〇〇パーセント科学的かどうかは知らない。しかし、こうすればたしかに、〈マーティニ〉の風味がレモンの香りに和らげられ、いっそう引き立つのを知ったという。

これを聞いて、バーテンダーの気の遣いぶりに驚きながら、「レモンピールする」という、ややあいまいな言い方の秘密も納得した気がしたものである。動作としては、たしかに「レモンピールを搾りかける」なのだけれど、だからと言って、搾ったもののすべてがほしいわけではない。その一部、つまり香りだけをふりまきたい。この微妙な気分を「する」に託しているのではないか。

もっとも、レモンピールの仕方は、みな同じではない。〈マーティニ〉用のグラスはふつう、上へ向かって開く脚長で、チューリップの花を思わせるが、その脚のあたりから上へ「する」というバーテンダーもいる。グラスの外壁にだけ香りを吹きつけようというのである。このグラスを口元に近づけると、ほのかに立ちのぼるレモンが香り、やがて〈マーティニ〉の液体に迎えられる。これはまた別の「レモンピールする」なのである。

レモンピールという小物は、〈マーティニ〉だけでなく、さまざまなカクテルに使われ、バーシーンに欠かせない。これがなかったら、〈マーティニ〉も、そして〈ハイボール〉も、人気の一品になれなかったかもしれない。

東京・湯島のバーで、初めて〈ハイボール〉を注文したときのことである。たっぷりしたタンブラーで出てきた。聞けば液量一二オンス（三六〇ミリリットル）という。同じ種類のグラスを三十年以上も使いつづけている。

これは、東京・合羽橋の道具街で見つけたのだそうだが、そのころはまだ手も背丈と同様に小さかった日本人には大き過ぎるグラスであった。それでも、あえて店に出してみた。これに〈ハイボール〉を入れた。八オンス（二四〇ミリリットル）つまり、グラスの三分の二だけを液体で満たして、口元に近い三分の一を空けておいた。それまで使っていたのが一〇オンス（三〇〇ミリリットル）のグラスだから、空きがだいぶ広くなっている。

「私には、お客さんに喜んでもらえる自信がありました。思ったとおりでした。〈ハイボール〉のつくり方を変えたわけではないのに、このグラスにした途端『おいしい、おいしい』と言い出したのです」

広々としたグラスの空き部分に、豊潤な香りがたまっている。口をつけようとすると、液体より先に、その香りを「飲む」ことになる。ふーっと一息、〈ハイボール〉への期待感が高まる。おいしさを実感する前に、おいしさの予感に震えるのである。

香りが立ってこそのカクテル。これは、香りの役割が他のお酒に比べ、ずっと大きいからである。香りを堪能することで、初めてグラスに口元を近づける準備が完了する。

カクテルABC

Caipirinha［カイピリーニャの自由］

（グラスに細かく刻んだライムを入れ、砂糖を加えてつぶす。クラッシュド・アイス〔砕いた氷〕を加え、カシャーサを注ぐ。マドラーで混ぜながら飲む）

カクテルの効用のひとつに、気持ちが解き放たれるということがある。お酒を飲むとき、日本酒にしろ焼酎にしろ、あるいはウィスキーでも、そこにはすでに「味の形」がある。その形に沿いながら、飲み進む。日本酒なら、これは甘めだとか、辛口だなとか、すでに存在する基準に、無意識に当てはめている。しかし、カクテルでは、「味の形」がじつは判然としない。とりわけ飲みなれていないカクテルを注文するときは、そうである。そこで尻込みしてしまい、いつもの「形」に戻ろうとして、おなじみのものを注文しがちである。そうなると、カクテルの楽しさ、おもしろさは半減してしまうであろう。なにが出てくるかわからない不安を期待に転換しながら、むしろ、思い込みなしに自由に味わえることを喜びとするのが、カクテルの味わい方として、いちばん重要なことであろう。

東京・高円寺の路地の奥にある小さなバーに連れていかれたときのことである。そこでは、〈カイピリーニャ〉がおいしいのだという。〈カイピリーニャ〉？ そんなカクテル名を聞いたことがなかった。ブラジルの「国酒」とも言えるカシャーサをベースにしているという。サトウキビの蒸溜酒である。なるほど、そうなのか。それでもまだ不安である。だから、注文しながら、つくり方を一応訊いてみた。ブラジル暮らしが長かったというバーテンダーは、「簡単ですよ」と言い、説明しながらつくる。なるほど、グラスのなかでそのままつくってしまう。ビルドと言われるつくり方である。カシャーサは、最後に一気に入れる。

どのカクテルの場合でもそうだけれど、バーテンダーがつくるところを見ていると、気持ちが昂揚してくるし、口のなかが待ち切れない気がする。この高まりがとてもいい。だから、バーでは、バーテンダーがお酒をつくるところがどこかを見極めながら、できるだけその近くに座るのが、賢い座り方である。

ここのバーテンダーが渡してくれた〈カイピリーニャ〉は、いわば「半製品」であった。

というのは、グラスに入ったライムを自分でつぶし、液体はマドラーで回しながら、自分好みの味わいに調整しつつ口に運ぶのである。このバーに連れてきてくれた相手が、「〈カイピリーニャ〉を他でも注文したことがあるけれど、ここのは、抜群に楽しい」と言っていた。この「楽しい」というのが、このカクテルの、いわばミソではないか。あくまで自由だから楽しいのである。飲み干して、空になったグラスを「お願いします」と差し出せば、そこへカシャーサが直接注ぎ足される。ライムの皮の苦みがまだ残っていて、今度は、一杯目よりもハードな〈カイピリーニャ〉を味わえるというわけである。

型にはまってしまわなければ、カクテルの世界はどんなにでも広がっていくことをまず確認することである。

ところで「これってただ混ぜるだけ？」と問いかけたくなるにちがいない。しかし、ライムの刻み方、加え方に熟練の技が働いていることを見逃してはいけない。

Daiquiri［ダイキリの熟慮］

（ホワイト・ラム、ライム・ジュース、砂糖をシェークして、グラスに注ぐ。

砂糖の代わりにガム・シロップ、ライム・ジュースの代わりにレモン・ジュー

スを使う基本レシピもある）

これをつくるのが好きだというバーテンダーは多い。ラムの強さ、ジュースの酸味とシロップの甘み、これらが三位一体となって生みだされるバランスがプロを奮い立たせるのであろう。カクテルづくりの腕の見せ所である。とはいえ、初めての客から、この注文が出ると、バーテンダーはかなり考えるらしい。たとえば、女性客だからと言って、そのつもりで、シロップを入れ過ぎてしまい、甘みを強調して失敗するケースがある。この客の嗜好はどのあたりにあるのか、探りを入れないととりかかれない。したがって、客のほうとしては、その酒場に慣れて、自分の味の好みがバーテンダーに伝わったころになってから、〈ダイキリ〉を頼むのがいいのかもしれない。

戦後まもなくの時期に、占領軍の下士官クラブのバーからバーテンダー人生をスタートさせたという人が、通常の砂糖のシロップではなくて、メープル・シロップを使っているのに遭遇したことがある。どんよりした甘みが、カリブの飲みものの気分をいっそう引き立てているようで、感銘を受けた。メープル・シロップというとパンケーキがすぐに浮かんでくる。同じシロップなんだから、とふと好奇心に駆られて使ってみたら、意外においしかったのかもしれない。

それにしても、〈ダイキリ〉とは妙な音《おん》のカクテル名ではないか。キューバの東海岸に、ダイキリという小さな町がある。そこの鉄鉱石採掘場で働いていたアメリカ人が、このラムとライムのカクテルをひどく気に入って、一日の労働の終わりに愛飲していたとのことである。彼は、これに〈ダイキリ〉という名前をつけて、たまたま知り合ったアメリカ軍人に、レシピを教えた。この軍人が、ラムをどっさり本国に持ち帰った折りに、首都ワシントンの軍人たちが集まるクラブで披露したのが、〈ダイキリ〉のアメリカ・デビューとされている。

もっとも、キューバの町ダイキリで飲まれていたカクテルは、素朴にかきまぜただけの飲みものだったにちがいない。材料は同じでも、味は粗削り。これを磨き上げ、洗練させるのが、アメリカ本土のバーテンダーたちの仕事になったと想像できる。売れる商品に仕上げないことには、資本主義社会では通用しない。

〈ダイキリ〉はその後、ジョン・F・ケネディ大統領が食前に愛飲しているという噂が広まって、アメリカでは、一時〈マーティニ〉に次ぐ人気カクテルになったこともある。ただし、ハバナのクラブ「ラ・フロリダ」で発明された〈フローズン・ダイキリ〉（ホワイト・ラム、ライム・ジュース、ホワイト・キュラソー、砂糖、クラッシュド・アイス、グレナディン・シロップをミキサーにかけ、グラスに移す）のほうに人気が移ってしまい、〈ダイキリ〉はどうも分が悪いというのが現状である。

Gimlet［ギムレット（ドライ・ジン、ライム・ジュースをシェークして、グラスに注ぐ）］

〈ギムレット〉は、〈ダイキリ〉（一一三ページ）の主材料、ラムがジンになっているだけじゃないか、という悪口もある。しかし〈ギムレット〉好きは黙って受け流す。それだけ、この味に絶対の自信を持っているのであろう。

〈ギムレット〉の材料のひとつ、ライム・ジュースについて、初めは甘味料入りのコーディアル・ジュースが使われたが、生のライムが手に入りやすくなり、フレッシュ・ジュースの利用が目立つようになった。フレッシュ・ライムを搾って〈ギムレット〉をつくる場合、ライムの酸味が果物によってまちまちである。そこで瓶詰めのジュースを使う場合よりもむずかしいと言うバーテンダーもいる。そこで生のライムを敬遠することもあるわけである。その一方で、市販のジュースと搾りたてを同量ずつ合わせるやりかたもある。バーテンダーにとっては、きわめてチャレンジングなカクテルになっている。

銀座の地下のバーで、そのことを痛切に感じた。一緒に行った人が、「甘みのない〈ギムレット〉を」と注文したところから、事はややこしくなったのである。この注文者はさらに、「私は甘いお酒はだめなので」と念押しをしている。これに対して、年若いバーテンダーが、「バランスをとらなくてはいけませんよね。ジンとフレッシュ・ライムだけでバランスをとるのは、〈ギムレット〉の場合むずかしいです」

と応じた。砂糖などの甘みがやはり必要だという意味であろう。この後、客のほうが食い下がった。

「甘みを少なめにしてバランスをとっていただくということで。だけど甘みを使わないとどうなるんでしょうか」

「これまでつくってないです。怖いですね」

「じゃ、いつものとおりのつくり方でお願いします」

「極力ドライにつくりますか。でも、〈マーティニ〉でドライって言われて、そうしたら、なにこの飲みにくいのって言われたことがありますけど」

バーテンダーは、いかに客の注文でも、おいしくないと思うものをつくることはできない。だから、容易には、自分なりのつくり方を引っ込めない。このときは結局、客が注文を全面的に撤回し、

「そちらのつくり方で」

ということで納得した。〈ギムレット〉は、適度の甘みによって旨味を出すものだとする、確固とした考え方が、バーテンダー側にはあったのにちがいない。

むずかしいカクテルだけに、バーテンダーのこだわりも大きいにちがいない。レイモンド・チャンドラーの推理小説シリーズのヒーロー、フィリップ・マーローが好んで飲んでいたのが、この〈ギムレット〉である。「スイートで同時にシャープ」というのが、マーローが、このカクテルを好む理由だが、作者自身、この探偵をそのような人間として描いている。マーローも〈ギムレット〉も、なかなかにむずかしい。

Gin Rickey［ジンリッキーの葛藤］

（グラスの上でライムを搾り、皮ごとグラスに入れる。氷を加えて、ドライ・ジンを注ぎ、冷やしたソーダで満たす。マドラーを添える）

つくり方は一見簡単に見える。ジン系のカクテルには、簡単そうなカクテルが多いように思う。見ていると、つくる手順がはっきりしている。それだけに、バーテンダーによって、微妙なちがいがあり、それを発見するのは楽しい。当然のことに、そのちがいが味わいのちがいとなることがよくある。

ライム半個分をそっくり落とし込んで、客がそれぞれの好みでつぶし、ジュースを滲み出させるやりかたが基本である。しかし、ライムはジュースを搾り込むだけにして、そのものは入れないバーテンダーもいる。千変万化するカクテルづくりが見えてくる。バーはいっそうおもしろみが出てくる。

〈ジンリッキー〉を最初の一杯として飲む習慣がつくと、なかなかこれから脱け出せなくなる。とりわけ、さっぱりしていて、甘みのないカクテルからはじめたい客にとっては、もってこいのカクテルなので、カウンターに向かうなり、ついつい、「ジンリッキー」と言ってしまう。

もっとも、マンハッタンのバーで、勢い込んでこのカクテルを注文したところ、バーテンダーに「なんだい、それは？」と問い返されたことがある。発音が悪いのかと思い、言い直したが通じない。結局それっきりになってしまった。

日本だったら、このカクテル名はどこでも通じる。調子に乗っていつも「リッキー」にしていると、そのうち困ったことに、贅沢を言いたくなる。つまり、どうしたら〈ジンリッキー〉を回避できるかを考えるようになってしまう。これも、バーの客として進化していくためにどうしても通らねばならない道かもしれない。

道の半ばで呻吟しているときのことである。銀座のあるバーテンダーにすすめられたのが、〈ソルトレイク・シティ〉であった。これは、新橋の「トニーズ・バー」の、いまは亡きオーナー・バーテンダー「トニーさん」の数少ないオリジナル・カクテルだという。〈ジンフィズ〉（ジン、レモン・ジュース、砂糖をシェークし、氷を加えてソーダで満たし、軽くステアする）に入れる砂糖（ガム・シロップ）を塩に代えてある。いわば「ソルティ・ジンフィズ」である。引き締まった味わいに驚き、バーテンダーに感謝した。

このことをなにかの折りに雑誌のエッセーに書いたところ、しばらくして、吉祥寺のバーテンダーからメールが来た。それによると、さっそく〈ソルトレイク・シティ〉をつくったところ、客に大喜びされている、という。このようにして、オリジナル・カクテルが広まっていき、やがて広く受け容れられるようになると、カクテルの世界はいっそう豊かなものになる。

こういうことがあると、すっかり味をしめてしまい、やめられなくなる。「〈ジンリッキー〉以外で」とまず振ってから、「甘みのできるだけ少ないロング・カクテルを」という注文をたびたびするようになった。バーテンダーの多くは困惑する。それを楽しんでいるのではけっしてないけれど、なにか知らないカクテルが出てくるのではないか、という期待感がたしかにある。

都心のホテルのバーで、このやりかたを試したときのことである。応えて、バーテンダーが妙なことをはじめた。

まず、ミントのリキュールと一緒に新芽のミントを叩く。さらに、えぐみを取るために、リキュールのほうは捨ててしまう。グラスには、リンゴ・ブランディのカルヴァドスとソーダを注ぎ込む。酒の味をぼやけさせないためか、混ぜようとしない。つづいて、表面に漂っているソーダに、先のミントを浮かすのである。したがって、このグラスを客が口元に近づけると、まずミントが香り立つであろう。嗅覚に刺激を受け、味覚が開く。香りだけでなく、はやくも芳しい味わいに接しているかのように錯覚するのである。

この錯覚に唆《そそのか》されて、ついつい液体を口内に流し込むことになる。これには、客をその気にさせるマジックの気配がある。〈ジンリッキー〉とは似ても似つかないけれど、自分の好みが〈ジンリッキー〉のさらに向こうに進んだことを実感させてくれた。それは、バーテンダーの絶妙の手練である。

いつものカクテルから、さらに好みの領域を広げていくためには、いま親しんでいる味わいの延長線上につながっているものをバーテンダーに要求することである。〈ジンリッキー〉のように、明快なカクテルから出発すると、少しずつ複雑な味わいに慣れていくという楽しみもある。

Gin & Tonic［ジントニックの意外］

（氷を入れたグラスに、ドライ・ジンを注ぎ、適量のトニック・ウォーターで満たし、軽くステアする。ライムをまたはレモンを飾る）

バーテンダーにはまったく失礼な話だが、バーに入ったのはいいのだけれど、とくになにがほしいということがないときがある。なにもほしくないのではないけれど、どれと言って特定できない。そういうときに、ふいと口をつくのが、〈ジントニック〉にしてよ、である。

これには理由がある。まるで目の覚めるような味わいの〈ジントニック〉に出会い、「ああ、おいしい」という感嘆がついつい口をついて出てしまう経験を、ときどきするからである。また、期待感を抱くことなく注文して、それなりに納得できる可能性のあるお酒、それが〈ジントニック〉でもある。

東京・下町の住宅街にぽつんとある酒場に迷い込むようにして入ったときもそうであった。

たまたまそこにバーがあるのを知り、ドアが開いたままになっているのをいいことに、足を踏み入れたのである。床もカウンターも、よく似た質感の木造りで、吸い寄せられるみたいにカウンターに座ったはいいけれど、なにを頼んだらいいのか、咄嗟《とっさ》に浮かんでこなかった。それで、〈ジントニック〉に「避難」した。これが当たりで、ジンの香りが立ち上り、口にすると、ふくよかな味わいに満たされた。まただよ、と思った。商店街の福引きの三等ぐらいに、今度も当たった程度の淡い喜びがある。じわじわとうれしさが広がる。

バーの客にとって〈ジントニック〉は、もっともとっつきやすいカクテルなのだという。どの客層にもそれなりに受ける。飲みやすいのである。これを最初の一杯として試してみて、おいしさが感じられたら、その日のお酒は大いに見込みがあると考えていいともいう。それだけに、バーテンダーとしてはつくるときはもっとも緊張するカクテルでもあるらしい。店によっては、このカクテルがちゃんとつくれるまで他のものは、新入りのバーテンダーに教えないケースもある。なかなか油断のならないお酒なのである。

バーテンダーが他の店へ客として出かけていくとき、かならず一杯目は〈ジントニック〉にするという話を何人かから聞いた。簡単なつくり方なのに、あるいは簡単だからかもしれないが、ヴァリエーションがたくさんあり、そのなかで、何をどう選択してつくっているかに、大いに興味を惹かれるそうである。

〈ジントニック〉の基本は、ジンをトニック・ウォーターで割ることである。これで一応完成と考えられる。しかし、いったいどんなジンを使うのかという疑問にはじまり、チェック項目はたくさんある。たとえば、ライムかレモンか、スライスかカットか、添えるだけか搾るのか。搾るとすれば、先にやるか後にするか。ソーダを足す場合も足さない場合もある。その店なりの、あるいはバーテンダーなりのスタイルがある。

カクテルづくりの細かいところを知るのに、〈ジントニック〉もまた「工程」が簡単なだけに適しているかもしれない。

Irish Coffee［アイリッシュ・コーヒーの連繋］

（カップに砂糖とホットコーヒーを入れ、アイリッシュ・ウィスキーを加えて軽くステアする。軽くホイップした生クリームを三ミリくらいの厚さで浮かべる）

酒場に入ってきた男が、アルコールは駄目だけれど、〈アイリッシュ・コーヒー〉というからには酒ではないはずだから大丈夫だろうと思って、飲んだ。するとたちまち酔ってしまい、コーヒーでさえ酔うとはと、人生に絶望した。——これは、サンフランシスコでよく知られたジョークである。〈アイリッシュ・コーヒー〉は、いわばウィスキー入りのウィンナ・コーヒーだから、酔わないわけはない。

カクテルは冷たいという固定観念から自由になるには、冬の真っ最中にバーへ出かけていき、温かいカクテル、たとえば〈アイリッシュ・コーヒー〉を注文することである。液体の熱と、アルコールが生み出す熱気とが身体を包み込んで、冬のバーの使い方が身に沁みてわかるにちがいない。心底まで温かくなるためにバーへ行く。それが冬のひとつの過ごし方である。

この温かいカクテルは、名前のとおりアイルランド生まれである。サンフランシスコを経由して、アメリカに運び込まれたと言われている。それでは、なぜサンフランシスコから入ってきたのか。

一九五〇年代の半ばまで遡る。アイルランド系アメリカ人のスタントン・デラプレインという、『サンフランシスコ・クロニクル』紙のコラムニストが、アイルランドのシャノン空港のバーで、このスタイルの「コーヒー」に出会ったのが発端であった。とても気に入り、バーテンダーからつくり方を教えてもらったのだという。サンフランシスコに戻り、フィッシャーマンズ・ウォーフのバー「ブエナ・ビスタ」に、これを伝えた。もちろん、自身のコラムでも喧伝《けんでん》これ努めたにちがいない。イタリア系とアイルランド系は、アメリカ人のなかでも、自分のルーツにとりわけこだわる人たちである。

もっとも、当初はコーヒーとうまく噛み合うウィスキーが見つからず、「ブエナ・ビスタ」では、だいぶ試行錯誤がつづいたらしい。行き着いたのが「軽くて滑らかな」アイリッシュ・ウィスキー、タラモア・デューだったと言われる。〈アイリッシュ・コーヒー〉は、いまではすっかりサンフランシスコに定着した。

このカクテルを注文するときに、よく付け加えられるフレーズが、less sugar つまり砂糖少なめで、こうすることによって、コーヒーの香りと味わいがいっそう引き立つ。

東京の北のはずれに、元はコーヒー店だったというバーがある。父と子二代の店で、かつて父親のほうがはじめたコーヒー専門店は、豆を厳選した名店で、東京中のコーヒー通の間に知られていたそうである。やがて世間でコーヒー離れが進んだため、店はバーに転業した。バーテンダーの経験のない父親は、それでも見様見まねで、プロに尋ねたりしながら、なんとか店をやってきた。やがて、成長した息子が銀座のバーに修業に出た。しばらくして、バーテンダー修業を積んで、戻ってくる。こうしてバーとして本格的に出発することになった。

息子がお酒の担当で、父親は、むかし洋食のコックをしていたということで、その腕が生きて、つまみや料理にがんばる。ふたりは、世代がちがうし、修業の場も異なっているわけで、店の運営については、しばしば意見が衝突するらしい。しかし、秋の末から冬の間、父子二代の職人は、みごとな連繫プレイを見せる。それが〈アイリッシュ・コーヒー〉である。父親はコーヒー職人、息子はカクテル職人。ふたりの技が切り結んで、みごとな「作品」をつくりあげている。

Manhattan［マンハッタンの錯綜］

（ライ・ウィスキー〔またはカナディアン・ウィスキーあるいはバーボン〕、スイート・ヴェルモット、アンゴスチュラ・ビターズと合わせてステアし、グラスに注ぎ、マラスキーノ・チェリーを飾る。レモンピールを搾りかける）

〈マーティニ〉がカクテルの王様であるのに対して〈マンハッタン〉はカクテルの女王と称されている。キレのある、クリアな〈マーティニ〉に対して、深く沈んだ味わいと赤みを帯びた華やかな色合いの〈マンハッタン〉は、くっきりした対照をなしている。さまざまなカクテルを分類してみると、〈マーティニ〉派と〈マンハッタン〉派とに分類できるかもしれない。

もっとも、その生い立ちを訪ねると、両者の近縁性のほうが浮かび上がってくる。お互いに同じ環境から育ってきたことが明らかになる。

〈マンハッタン〉については、一八七四年のニューヨーク州知事選の祝勝会が、市内の「マンハッタン・クラブ」で開かれた際に初めて登場したのだと言われている。もちろん、これが事実であると言い切ることはできない。カクテル名には、それでも、ある程度の真実は含まれている。その発祥の雰囲気は伝わってくる。どんな環境から生まれてきたかはわかる。この〈マンハッタン〉にしても、上流階級の社交クラブから出生したと言われれば、その濃密な味わいから、当時の「上流」の嗜好を想像できて、おもしろい。

それから数年後に出版されたカクテルブックに、〈マンハッタン〉の主材料に使われるウィスキーをジンに代えた〈マーティネス〉というカクテルの紹介がある。このカクテルは、いわば〈マーティニ〉の前身である。どうも、〈マンハッタン〉と〈マーティニ〉はおたがい親族であるらしいということがわかってくる。それも王と女王ではなくて、女帝と息子であるかもしれない。と言うのは、〈マーティニ〉は〈マンハッタン〉から派生したと想像できるからである。

現在の〈マーティニ〉は、ジンとドライ・ヴェルモットを合わせるが、二十世紀に入るころまで、ドライではなくて、スイート・ヴェルモットが用いられていた。したがって、〈マンハッタン〉を味わえば、まだこの世に生を受けて間もないころの〈マーティニ〉の姿がおぼろげに浮かんでくる。

また、〈マンハッタン〉には、新大陸アメリカに渡っていったウィスキー文化の多様性を、口に含んで確かめる楽しみもある。と言うのも、カナディアン・ウィスキー、バーボン、ライ・ウィスキーと、イギリスに発祥したウィスキーが新大陸にやってきて枝分かれする過程がよく見える。

なかでも、ライ・ベースの〈マンハッタン〉は、どっしりした存在感があって、味わいも奥深い。横浜のホテルのバーで出てきた〈マンハッタン〉に、バーボンのメーカーとして知られるジム・ビーム社のライ・ウィスキーが使われていたことがある。初老のバーテンダーは「〈マンハッタン〉はライが本来ですから」と言い切ったものである。

かつて渋谷のバーで、老練のバーテンダーが、地味な感じのライ・ウィスキーの瓶を持ち出してきて、「これ、ストレートで飲むとおいしいですよ」と提案したことがある。オールド・オーヴァホルトという、そのとき初めて出会ったブランドであった。すっかり堪能した。

ところが後に、これをベースにした〈マンハッタン〉に、たびたび遭遇するようになる。東京でも、神戸でも、あるいは盛岡の雪のなかでも。いずれの場合も、〈マンハッタン〉への思いをさらに深めることになった。

ストレートのお酒と、それを加工したカクテルとが、糸を引き合うようにして、おいしさを醸しだしているのだということがよくわかる。

Martini［マーティニの至福］

（ドライ・ジン、ドライ・ヴェルモットをステアし、グラスに注ぐ。レモン・ピールを搾りかけ、オリーヴの実を飾る）

CIAのヴェテラン捜査官役のロバート・レッドフォードが、「スコッチを」と言いかける。すると、新人のブラッド・ピットが、「スパイだったら〈マーティニ〉じゃないんですか」と突っ込みを入れる。しかし先輩のほうは「スコッチだ、スコッチだ」と譲らない。これは、トニー・スコット監督の映画『スパイゲーム』の一シーンである。スパイは〈マーティニ〉を飲むものだという確固とした思い込みが、駆け出しの捜査官のなかにできあがっているわけである。

これは、ショーン・コネリーが演じたイギリスのスパイ、ジェームズ・ボンドが活躍する映画の007シリーズでつくられたイメージであろう。

もっとも、ジェームズ・ボンドの〈マーティニ〉は、本来のそれからはだいぶ逸脱している。第一に、バースプーンを操ってつくるステアではなくて、かならず、シェークするようにとボンドは要求していた。しかも、メインの素材はジンでなくてウォッカである。さらに、『カジノ・ロワイヤル』という一篇になると、ジンとウォッカを混ぜ込んだマーティニを発明し、これに〈ヴェスパー〉と命名までしている。なお、ヴェスパーは、ボンドガールのひとり（じつは二重スパイ）の名前である。

こうして派生させ、自分の好みのつくり方を求めていくカクテルの筆頭に挙げられるのが〈マーティニ〉であろう。その意味では、いかにもカクテルらしいカクテルとも言える。ボンドほどわがままでなくても、自分の好きな味を知ってはじめて、〈マーティニ〉好きを自称できると言われる。

飲み手が飲み手なら、つくり手もまた、それぞれに、どうつくるのがおいしいかについて、こだわりを持っている。

銀座の外堀通りに面したビルに、バー「テンダー」がある。この本のなかでもすでに触れた、カクテルの名手、上田和男さんの店として知られている。カウンターに座ると、酒棚に向かい合う。その棚の下に、木造りの収納スペースがつくりつけてある。そこは、グラス置き場でもあるが、広いスペースをとって冷蔵庫を組み込んである。

ところで、「テンダー」の並びのビルに、上田さんとはバーテンダー仲間である毛利隆雄さんの「モーリ・バー」がある。ここでは、冷蔵庫ではなくて冷凍庫のほうが大切に扱われる。

冷蔵庫か冷凍庫か。店づくりのキーになる装置の重要性のちがいは、〈マーティニ〉のつくり方、考え方が異なるところに起因しているらしい。ふたりは、数々のバーテンダーを輩出してきた東京會舘の出身で、日本の〈マーティニ〉をつくったと言われる名バーテンダー、今井清（故人）の影響を強く受けている。にもかかわらず、そのマーティニ観はまるで対極にあるかのようにちがっている。上田さんは、冷蔵した六℃ぐらいのジンを、ステアすることで少しだけ冷やしてやるべきだと考え、毛利さんのほうは逆に、零下二〇℃にまでも冷凍してあるジンを、ステアしながら温度を戻す方法をとる。もちろん、使用するジンのブランドもちがっている。

おたがい気心が知れているふたりだけれど、事がマーティニ論になると真っ向から対立し、譲る気配はない。

さらに、かつて上田さんのもとで修業したバーテンダーのひとりが述懐している。「一緒のバーにいて、最後まで師匠と同じものができなかったのは〈マーティニ〉。材料の量をしっかり計って並んでつくっても、どうしてもちがってしまう。それが〈マーティニ〉のおそろしいところだ。どちらがおいしいかまずいかの問題ではない。グラスに注ぐとちがってくる。上田のはきりっとしていて、ぼくのは柔らかい。どうしたら同じにできるのか、わかる人がいたら教えてほしい」。

このようにバーテンダーによって、ちがいがはっきり出てくるのは、飲み手にとっては幸せの至りではないか。千差万別であれば、さまざまな味に出会える。初めてのバーで、〈マーティニ〉を注文すると、かならずと言っていいくらいに、新しい味に邁進する。これだけの幸せを運んでくれる〈マーティニ〉を最大限生かすには、こちらの感覚をすっかりオープンにしておくことである。つまり、「〈マーティニ〉かくあるべし」という思い込みを捨てる。何の先入観も持たずに、その店のそのバーテンダーの〈マーティニ〉をまず受け容れる。そのうえで、このヴァージョンもおいしいと思うか、いやこれはだめだということになるか、それはわからない。まずハナから拒絶はしない。これが、〈マーティニ〉の「正しい冒険」

のための心構えである。

ひょっとすれば、自分がこのカクテルに抱いていた先入観を訂正するチャンスになるかもしれない。たとえば、いままで辛口の〈マーティニ〉だけを認めていたけれど、甘みが意外においしいなどということになるかもしれない。事実、〈マーティニ〉については、甘みを引き出してこそおいしいお酒なのだとの定評がある。つまり、〈マーティニ〉と言えば〈ドライ・マーティニ〉と思ってしまうとしたら、それは、このカクテルが持っている大きな可能性を捨てていることになるわけである。

虚心坦懐に新しい〈マーティニ〉に接することによって、次第に自分の好みの幅を広げていく。このプロセスがまた、「マーティニ行脚」の楽しみにもなる。だから逆に、自分の好みはこれこれ、と狭く固く考えてしまうと、それっきり〈マーティニ〉との「生きた付き合い」が断たれるということでもあろう。

Mint Julep［ミント・ジュレップの変容］

（グラスにミントの葉と砂糖、少量の水を入れ、砂糖を溶かしながらミントをつぶす。クラッシュド・アイスを詰めて、バーボンを注ぎ、グラスの表面に霜がつくくらいに十分ステアする）

南北戦争の真の原因は、奴隷制でも、州の自治でもなくて、北部の連中が南部へやってきて、〈ミント・ジュレップ〉のなかにナツメグを入れたからで、南部人はこの所業に怒り、連邦脱退を決意したのだと主張するカクテルブックがあるという。アメリカ南部とは切っても切れない深い仲のお酒である。

このカクテルは、ケンタッキー・ダービーのオフィシャル・ドリンクに指定されている。しかし、実際のダービー会場では、かき氷を入れたグラスに、ドリンク・ガンで混合液を「発射」するというやりかたをとっている。この乱暴なつくり方に腹を立てる愛好家からは、〈ミント・ジュレップ〉ではなくて、「ミント・シロップ」だとの悪評が盛んに聞かれる。

さらに、このカクテルは、ケンタッキー生まれと信じられているけれど、どうもちがうらしい。実際には、ジョージア州あるいはヴァージニア州、どちらかの州で発祥したと言われる。それがダービーにまで進出することになった理由は簡単にして明瞭である。ダービー会場のすぐ裏にミントが掃いて捨てるほど野生していたうえに、バーボンを山ほどしまい込んでいる連中がたくさんいたからであった。そこで、ケンタッキーが自分のものにしてしまったのである。

〈ミント・ジュレップ〉は、やがて、アメリカから大西洋を渡り、ヨーロッパへ進出する。なかでも、独自の酒文化を持つフランスへ渡ると、いったいどうなるか。この興味深い命題への回答が、渋谷の奥のバーにあった。そこでは「パリ版」の〈ミント・ジュレップ〉をつくっていたのである。それは、フランス産のミントの葉を激しく叩いてつぶすことからはじまる。つぶしたら、しばらくバーボンに漬けておく。さらに、これを漉《こ》して、葉っぱのほうは捨ててしまう。漉し汁だけを流し込んだ〈ミント・ジュレップ〉は、ミントの香りのみが匂い立ちながら、緑の葉は跡形もない。いかにもしゃれたカクテルになっていた。

さらにフランス人は、主材料のバーボンをブランディに代える、ニュー・ヴァージョンも編み出しているという。名づけて〈ブランディ・ジュレップ〉となる。どんな味をも貪欲に自国化してしまう。さすがは味覚大国のフランスである。

カクテルブックどおりにつくらねばならないという決まりはどこにもないわけである。バーテンダーの創意工夫、あるいは客のわがまま、ときにはなんらかの過失によって、どんなにでも変化するし、実際、ずっとそうしてきた。だからこそ、カクテルはバーの花形なのである。これがバーにとって大きな活力になっている。

Salty Dog［ソルティ・ドッグの粋］

（縁に塩をつけたグラスに、氷を入れ、ウォッカを注ぎ、グレープフルーツ・ジュースで満たし、軽くステアする）

これはもともと、イギリスで生まれたカクテルで、はじめのベースはジンだったという。そのころは塩をグラスの縁につけるのではなく、ひとつまみ加えたとのことである。この奇妙なネーミングについては、イギリス船で甲板員をそう呼んだところから来ているらしい。「塩辛い犬」つまり、海水を浴びてばかりいる連中ということであろうか。港の酒場で、船乗りたちがお酒を酌み交わすシーンが目に浮かぶようである。

どんな客でも、まず一杯目はかならず〈ソルティ・ドッグ〉を注文するというバーを訪ねたことがある。このバーでは、一晩にひとりで一七杯もこれを飲みつづけたツワモノもいるとのことであった。

〈ソルティ・ドッグ〉の味を左右するのはやはり、グレープフルーツである。世界各地から輸入されているが、もっとも適しているのはフロリダものだという。しかし、これが入荷するのは、十月の末から六月いっぱいとなっている。そこで夏の間は、果物の手当てに苦労する。つなぎとして、カリフォルニア産を入れているけれど、酸味が強すぎてコクが足りない欠点があるそうである。そこで、アフリカやイスラエルの品も混ぜながら、切り抜けることになる。

「生のジュースを使っているから塩が生きるのだ」と、オーナー・バーテンダーは言っていた。グラスに塩をつける（スノウスタイルと言う。グラスの半周分だけに塩をつける場合はハーフムーンスタイル）のは、なにも〈ソルティ・ドッグ〉に限らないけれど、やはり「ソルティ」の響きには、そそられる。京都のあるバーテンダーは、これを重く見て、女性客からの注文には、ピンクの塩で応える、粋なはからいをしていた。

なお、先のバーがベースに使っているウォッカは、某有名ビール・メーカーが売り出している国産品である。「さほどでもない酒をおいしく飲ませる」のは、カクテルの王道のひとつに他ならない。また、カクテルの主役はかならずしもアルコールではないということも教えられる。

さらに、ここの〈ソルティ・ドッグ〉の特徴は、一般的なビルドスタイルをとらずに、シェークしていることである。こうすると、アルコールとジュースがよく混ざって、ベースのウォッカの角がとれ、まろやかな味になるという。さらに、シェークすることで華やかさをいっそうアピールする効果もあるにちがいない。

客が注文するたびに、ガーガーと大きな音をたてながら、果汁を搾り出す、やかましいスクイーザ（果汁絞り器）も、この酒場では許されてしまう。この騒音が、やがて目の前に置かれるはずの華やかなカクテルの前奏のように思える。だから許す気持ちになる。

Sidecar［サイドカーの危うさ］

（ブランディ、コアントロ、レモン・ジュースをシェークし、グラスに注ぐ）

「すばらしい〈サイドカー〉がつくれたら、むかしからあるカクテルの多くをきちんとつくれるはずだ」とまで言われる。カクテルの精髄が〈サイドカー〉だという意味なのであろう。〈サイドカー〉賛のなかで、とりわけ心に残るのは、銀座にあった伝説のバー「クール」のオーナー・バーテンダー、古川緑郎さんの発言である。古川さんは、こんなふうに言っていた。

「〈サイドカー〉はおいしい。嫌いなカクテルってないですよ、みんな好きですけどもね。ブランディを使ってね。使うブランディによって、ちがいます。いいブランディ使ったからってよかぁないですけど。ブランディ自体がおいしいんです。白ムクであがってもおいしいのに加工しちゃうんですから。まことにもってもったいないカクテルですよ」

このカクテルのベースはブランディである。古川さんは、良質のブランディだからおいしく仕上がるとは考えていないわけである。

もっともこれには異論もある。カクテルはふつう、質のいい材料を敬遠するけれど、〈サイドカー〉にかぎっては例外で、ブランディは良品ほど香りがすばらしいので、用いるのはコニャックにかぎるとする考え方である。そこでバーテンダーによっては、値段の高いブランディを使おうとする場合は、客の了解を得るという人もいる。

〈マーティニ〉と〈マンハッタン〉、バーへ通い出してずいぶん長いこと、このふたつに執着して後生大事に飲んでいた。そのうちに「第三のカクテル」がほしくなった。たどりついたのが〈サイドカー〉であった。これが筆者のカクテル遍歴の、いわばはじまりである。いくつかのバーで〈サイドカー〉を試した。その結果、これは、という味と、そして香りに出会ったのは、銀座の地下にあるバーである。コアントロの甘みとレモン・ジュースの酸味のバランスをぎりぎりのところでコントロールしているらしく、その危うさがたまらなかった。自分の理想のカクテルというものがあり、それを探すことをやめなければ、いつかきっと出会えるという確信が、そのときに生まれた。

それにしても、〈サイドカー〉という、妙なカクテル名については、その誕生と命名の由来について、他のカクテルの多くと同様に、混乱があり、ほんとうのところは霧のなかである。ミラノのハリーズ・バーで、ジン・ベースのカクテル〈ホワイトレディ〉をアレンジして、一九三〇年代はじめに、これを売り出したとする説によく出会う。なぜ〈サイドカー〉という名前になったかというと、サイドカーに乗ってくる常連客が愛飲したからだとされる。もっとも、その客がだれであるかは伝わっていない。そうではない、パリのニューヨーク・バーが発祥地だとする反論がある。オーナーはどちらの店も同じでハリー・マッケルホーンであった。

さらに別の説がある。第一次大戦中、どこか名前はわからないけれど、パリのビストロにサイドカーで通う、アメリカ人の陸軍大尉がいて、そこが〈サイドカー〉発祥の地であるともいう。やはり、都合のいいことに、大尉の名前は伝わっていない。

ブランディが主材料になっているから、おそらくはヨーロッパのどこかのアメリカン・バーから出てきたことは想像できる。しかし一方には、ブランディをなにかと混ぜるなんてとんでもない、と憤る向きもあることを付記しよう。

Yukiguni［雪国の鮮烈］

（ウォッカ、ホワイト・キュラソー、ライム・ジュースをシェークし、縁に砂糖をつけたグラスに注ぎ、グリーン・チェリーを沈める）

日本人バーテンダーが創案したカクテルのひとつに、〈雪国〉がある。雪国の山形県でバーテンダーをしている井上計一《けいいち》さんの作品で、寿屋（現サントリー）主催のカクテルコンクールで優勝している。一九五九年のことである。いまは人気カクテルとは言えないだろうが、グリーンの液体と、スノウスタイルの砂糖とが、絶妙のコントラストを表現している。これには見とれる。厚い雪の下に待機しているはずの春の緑を待ちわびる人々の心情が表現されているかのようである。

知己に案内され、東京・赤坂の料亭が経営するというバーへ行ったときのことである。和室を改造したと思われる、しゃれたたたずまいで、お座敷への出を待つ芸者さんの待合室のような雰囲気であった。老バーテンダーがいかにも柔らかい物腰で、気持ちがいい。一緒の相手が〈ジンリッキー〉を注文するので、さすがに同じものはシャクだという気がするから、〈ウォッカ・リッキー〉にして、少しだけちがえるという姑息なことをした。これが、意外な扉を開けることになったのである。バーのおもしろさのひとつは、この意外性にある。

二杯目はいかがなさいますか、と黒のジャケットを着こなす、白髪のバーテンダーに問われる。その途端、気持ちが決まった。きょうはウォッカで行こうと。

メインになる材料を決めて、それをベースにしたカクテルで通すというやりかたである。こうすると芯のしっかりした造花みたいなもので、副材料の組み合わせによって、さまざまに「咲き乱れる」のを楽しめることがある。しかし、いったい何にしたらいいのか。こういうときのために、カクテルならではの注文の仕方がある。味の感じだけを口にする。「ウォッカ・ベースで、甘みのきつくないのを、ショートで」と。あとはバーテンダーに任せる。このファジーな注文は、不安もあるけれど、怖いもの見たさのようなスリルに満ちている。

その結果出てきたのが〈雪国〉であった。その名は聞いていた。カクテルブックなどを通して姿かたちもわかってはいた。しかし「本物」を目にし、口にするのは、このときが最初であった。その色合いの鮮烈さに、息を呑んだ。流れに身を任せるようにしたおかげで、伝説の逸品に遭遇した気分であった。なお、レシピから想像すると、かなり甘めのカクテルだが、この老バーテンダーは、ホワイト・キュラソーを少なめにして、きりっと仕上げてくれていた。こういう出会い方をしたカクテルは忘れない。

〔この章のカクテルのつくり方は、一例にすぎない。バーにより、バーテンダーによって、千変万化することをご承知おかれたい〕

4　バーの時間の過ごし方

バーのなかには、他とはちがう類いの時間が流れている。その流れに身を任せて漂う。それがバーの時間の過ごし方である。どこに漂着するかわからない。どこにもたどりつけず、ただ彷徨するだけかもしれない。バーのなかには、さまざまな仕方で、この特異な時間を過ごしている客たちと、バーテンダーたちがいる。彼らはときに同調し合いながら、ときには互いに反発しながら、この日このときを、豊かで実りある時間にしようとして、それぞれの務めを果たしつつあるわけである。

バーの楽しさ、バーテンダーの生き生きとした動作、カクテルのおいしさ、それらが生み出されるシーンに、客は参加している。つまり、客は単なる受益者ではない。より良いバーの時間をつくっていくための協働者なのである。あるいは共犯者と言えるほど深く関わることもある。力を合わせる相手は、もちろんバーテンダーであり、他の客たちである。

若いバーテンダーが言っている。「カウンターのなかにいて、店の空気を感じているのが好き。毎日がちがう店のような気がする。なかなか自分の思いどおりにはならない」と。毎日ちがう客、ちがう話。それらがバーの時間を豊かに彩る。日々ちがうものをつくる「クリエーター」であるバーテンダーと、客は力を合わせる。

他のどこにもない、このバーの時間をどう過ごしたらいいか。シキタリやオキテもある。

慣わしとなっていることもいくつか。他の飲食店ではありえない、バーならではの風景も見ることができるであろう。

バーのドアを開けて入り、歓を尽くし、やがて同じドアをもう一度開けて、外の世界に出てくる。入ってから出るまでの間、そこで上演されるドラマの舞台に参加し、自分の役割をまっとうするために、奮闘努力をつづけることになる。その風景のいくつかをたどってみることにしよう。

入る前から注文が決まっている

「行きつけのバー」と言う。バーと言えばどこへ行くかが、あらかじめ決まっている。そういうバーのことである。行きつけの床屋さん、行きつけの美容院と同じ感覚であろう。一軒だけでなく、会社の行き帰りの道筋に、二軒、三軒と行きつけをつくっておき、輪番制で巡る、そんな律儀な客もいる。行きつけの店のカウンターに座れば、黙っていても、バーテンダーから「いつものですか」と尋ねられることさえなく、決まって同じお酒が現われる。いかにも年季の入ったバーとの付き合い方である。

このようにして、バーにまるごと抱え込まれるようになるまでには、よほどの修業というか、ともかくずいぶんと年月がかかるにちがいない。しかし、「行きつけのお酒」であれば、それほどのこともないであろう。Aというバーのbというお酒が気に入り、自分の好みにぴったりだと感じたとする。そのバーへ行くときにはもう、店に入る前から、まず注文するものが決まっている。これが「行きつけのお酒」である。「またBが飲める」と思うと、軽い足取りがいっそう軽くなるにちがいない。

注文の仕方は「Bね」でも、「いつものことだけどB」でも、「やっぱりBにしようかな」であっても、ともかくBなのである。こうして出てくる、毎度のBに安堵するであろう。あるいは、その日のBはちょっとちがうなと感じることもある。すると、どうしてかなと思う。こうなれば、そのお酒については、達人の域と言えるかもしれない。バーテンダーとの会話も深みを増すにちがいない。バーに縛られるよりも、お酒に縛られたい。同じBを、他の店でも頼める。味を比べて楽しめる。

ある大通り沿いの十階にある店。そこに出かけるときは、三人も入れば満杯の小さなエレヴェーターが上昇をはじめると、とたんに、〈ラム・マーティニ〉の大ぶりのグラスが頭のなかに浮かんできてしまう。その時点で、と言うよりも、もうずっと前から決まっているのである。エレヴェーターが十階に近づくにつれ、気分はいやがうえにも昂揚する。

ダーク・ラムにほんの少々のシェリーを垂らす。このカクテルは、やがて、音の響きの良さが主な理由であろうか、〈ジャマイカ・マーティニ〉と名を変えていった。しかし、そこに使われているラムはキューバのものらしい。オーナーがキューバに行き、このマーティニを披露したら、ネーミングに異議があると言われたという。そこで、さらに改名し、ハバナ・マーティニを略してハマティニになったとか。もっとも、相変わらずの「行きつけのお酒」である。

メニューがない

「メニューありませんか」と訊くと、半分ぐらいの店は、どこかから取り出して見せてくれるかもしれない。しかし、あとの半分は、「ありません」と答えるであろう。メニューがないなど、レストランだったら考えられないことにちがいないが、バーではあたりまえの事態である。また、メニューがあって一安心かと言うとそうではないし、ないから困ったということにはならないのが、バーである。

出てくるとしても、メニューを出しましたという証明みたいに、紙切れ一枚が透明のファイルにはさみ込んであるだけだったりする。ビール、カクテル、スコッチなどの値段が、ごくごく簡単に記してある。これではそこから選んで注文するという、メニューの役割を果たせない。値段の目安ぐらいにはなるかもしれないが、メニューと言えるシロモノではない。

逆に、ホテルの部屋に置いてある、黒や茶色の「館内案内」みたいに分厚いメニューがどさっと出てくることがある。開くと、カクテルがズラズラズラ、スコッチがズラズラズラズラ、これでもかと言うほどに並んでいるし、だいたい重くて、両手でも支えるのに苦労する。これから選べと言われたとしても、読んでいるうちに、お酒への意欲が失せていくかもしれない。そのほうが心配になる。

いずれにしても、バーのメニューは、たとえあってもまず役に立たない。簡略にすぎれば、ハナから選択を拒まれているわけだし、逆にぎっしり詰まったメニューでは、どれにしたらいいか迷うばかりで、いっこうにハカが行かない。

バーにメニューは要らない。メニューがないことがバーの証明だと言い切ってしまってもいいくらいではないか。つまり「メニューはありません」とは、バーテンダーと相対で、ご自分のお好みのものを注文してくださいよ、という意味である。また、バーテンダーは、お客さんのご注文でなんでもつくりますよ、という意味にもなる。したがって、お客さんは、ご自分のなかにあるメニューを開いて好き勝手なことをおっしゃってください、とすすめられているのだと解釈していいであろう。

心のなかに、とりあえず白紙のページを一ページ用意したつもりで、そこに、「甘くないの」とか「ズンとくるやつ」などと、適当に思いついたことをいくつか書き込んで、バーテンダーに差し出すつもりになって、注文する。バーテンダーは、それを、独自の「仮想メニュー」と照合し、ぴったりのお酒を用意しようと努める。「メニューがないことで、カウンターの向こうのお客さんと話をするきっかけがつかめる。お客さんの好みがはっきりしていい。メニューなしは、コミュニケーションありということなんですから」と言うバーテンダーもいる。

バーテンダーに対して、自分の好みや、いま飲みたいお酒の感じを縷々《るる》説明して、つくってもらう。やがて目の前にお酒が出てくる。一口、そのおいしさに喜びの声を挙げたとしよう。当然訊いてみたいのは、「このカクテルなんて言うの？」であろう。品物には名前があるはずである。お酒は商品なのだから、当然名前があるはずだと考えるのは、ごくあたりまえのことであろう。しかし、バーでは、この「ふつう」がかならずしも通らない。バーテンダーは「いまさっき考えついたので、名前はありません」と答えることがままある。

つまり、固定したメニューがないのは、それをつくれないからである。そこでメニューはないという結論になってしまう。

🍸同行ふたり、同じ注文をする

ふたりでカウンターに並ぶとしよう。隣りが「〈サイドカー〉ください」と言う。おうむがえしのように「サイドカー」、または「同じもの」と、もうひとりが共鳴する。これは一見、「ラーメン」「こっちもラーメン」ということと同じように思える。なんでもない注文の仕方に聞こえるかもしれない。しかし、バーでの過ごし方の基本には逆行していると言わないわけにはいかない。

バーのお酒は、味わいを広げるところに、おもしろさがある。さまざまなお酒の海をできるだけ広く泳ぐことで、その広がりを満喫する。だから、同じものを頼むことで、海を逆に狭めてしまうおそれがある。もちろん、どうしても飲みたいものであれば、隣りと同じであろうが突き進むわけだけれど、それほどの執着がない場合は、簡単に同調することはない。

バーでの注文は言った者勝ちと考えればいいのではないか。当然、自分が頼もうと思っていたお酒を先に言われてしまうことはある。たまにではなくて、よくある事態である。一緒にカウンターに並ぶ機会が多ければ多いほど、頻繁にぶつかる。おたがいにバーの気分に慣れ、その場の雰囲気になじむにつれて、似た者同士になっていきやすい。先を越され、「なんだい、こっちが注文しようと思っていたのに」と切歯扼腕し、地団駄を踏むことにもなる。

それでも、じっと耐え、後追いはやめる。お酒の世界は広いのだ、と自分に言い聞かせる。だから、「同じもの」で狭めてしまうことはない。いさぎよく「別のもの」を注文して、新しいお酒の発見に賭ける。お酒の世界を押し広げ、さらに広くするための一助となればいいではないか。こうして、あきらめる理由ならいくらでもある。

ほんとうは頼むつもりだったお酒がどうしても飲みたければ、相手に断わって、少しだけ分けてもらうという手がないわけではない。もっとも、このおすそ分け要求は、どこでもだれに対してもできるというものではない。この点については、すでに書いた。

ちょっとちがうお酒を

同行者の注文が、自分のほしいものと重なってしまった場合、仕方がないから、ちがうお酒に転向するとして、やはり未練が残る。それが人情というものである。ここで縁もゆかりもない飲みものに登場されても困ってしまう。そこでリスクを少なくするには、同行者がゲットするものの別ヴァージョンを注文すると、スムーズにいくことが多い。

ある夏の宵、隣りから、こんな注文が出たことがある。「さわやかな感じで、甘みは抑え目、すっきりとおいしいロングのカクテル」。いかにも丁寧な、それでいて自分の好みをしっかり押し出した注文である。自分のほうが言いたかったことをそのまま表現されてしまった気がする。これは同調する手だと直感したけれど、「同じもの」はタブーである。そこで最後にひとこと、「……それで、ちがうもの」と付け加えた。すっかり尻馬に乗りながら、わずかに「同じもの」シンドロームから逃れたわけである。なんだか姑息に聞こえるかもしれないけれど、実際はそうではない。同じテイストでありながら、ちがいを実感させるお酒として、どんなものが出てくるか、息をのんで待つことができる。

このときは、はじめに言い出した相手に、まず〈ソル・クバーノ〉が登場した。ラムをベースにして、グレープフルーツ・ジュースを加え、トニック・ウォーターで割ってある、夏向きのロング・カクテルである。こちらにはなにが、とふたりとも注視する。すると、ラム・ベースの〈ネヴァダ〉というショート・カクテルをソーダで割ってロングに仕立てるという、いままで一度も出会ったことのないものであった。

結果として、注文の衝突をわずかに避けたおかげで、初めてのカクテルを獲得するという幸運に恵まれたわけである。

いつものお酒とちがうものを

気に入ってよく口にするお酒というものがある。先に述べた「行きつけのお酒」のように、店に入る前から、あれにしようと決め込んでいるような場合もある。自分と相性がいいのである。だから、ついついそれを注文する。当然であろう。他のものにするのがもったいないような気持ちになることさえある。

めったなことでは酔わないという、幸せな人であれば、いろいろ試してみる余裕もあるのだろうが、飲むと言っても限度がある。迫りくる酔いに抗しながら、満足度を最大にしたいと考える。だったら、なるべくおいしいことがわかっているものでまとめようとする。安全パイに逃げ込みたい。

それでもあえて、「いつものとはちがうものにしてみよう」と言ってみる。バーテンダーがある程度こちらの嗜好をわかっている店で、いつものとちがうものを注文するのは、自分に対するだけでなく、バーテンダーへの挑戦にもなる。あるいは、おたがいに力を合わせて、新しい味覚を見つけだすための試みだとも言える。ときに、バー体験の見直しをするわけである。

こうして変えてみたお酒が気に入ったら、めいっぱい「おいしいです」とバーテンダーに告げる。大げさな、と思われるかもしれないが、これは、他の人のためではない。自分のためである。ちょっとだけ冒険をして、いつもとちがうおいしさをつかんだのだから、自画自賛していいであろう。

どんなお酒が苦手かを言う

初めて出かけていく店で、最初の一杯を注文するときに、好きなものはなにか、どんなお酒がいいか、どのような味わいに惹かれるかを、自分でもびっくりするぐらい雄弁に述べたてる。おいしいお酒を口にしたいという一心だから当然そうなる。バーテンダーは、きちんと聞いて、それに応じたお酒を出してくるであろう。きちんとした「申し立て」をすればするほど、相手の反応もいいはずで、好みの味が出てくる可能性が、それだけ高くなる。何が好きかを申告する。これはそれほどむずかしくない。

そこで逆に、こんなものは嫌い、さらに大嫌いと、マイナスの味覚を話題にするのはどうであろうか。好きなものを言うのはバーテンダーに的に正確に当ててくれと求めるのと同じだが、逆にまず嫌いなものをあげれば、それだけバーテンダーの自由度が高くなり、客のほうは、何が出てくるのかと興味津々で待てるであろう。

いつものお気に入り以外のおいしさに、おかげで巡り合えるかもしれない。なじみはないけれど、バーテンダーが得意とするお酒が出てくる場合もある。これも、自分の得意な味の領域を広げる冒険のひとつである。

ときに、バーテンダーのほうからまず「お嫌いなものは?」と尋ねられてしまい、どぎまぎすることもある。こういうバーテンダーは、自分がつくるお酒に相当な自信を持っているにちがいない。

さらに突っ込んで、嫌いなものと戦う覚悟のあるバーテンダーもいる。「ジンが嫌いだという客には、ジン系のカクテルを出すようにしている。自分のおごりなので飲んでみてほしいと」と言うバーテンダーのことも耳にしたことがある。そのバーテンダーは、「プロのバーテンダーならそのぐらいしてみなくては」とも付け加えたそうで、そこまで言うなら、「プロの客」として受けて立たざるをえないではないか。

こうなると、お酒をめぐるバトルの気配が濃厚になってくる。たかがカクテルなのだから、そこまで爪先立つこともないという考え方もある。そっと静かに飲んでいればいいので波風をわざわざ立てることは考えものだと。しかし、味を追求するバーならでは、の感もする。

お酒がいっそうおもしろくなることはたしかではないか。

🍸「なんでもいいよ」と言う

仕事熱心で、懇切なバーテンダーはしばしば、客に選択をまかせることに執着する。そのまま飲むスコッチなどの場合はとくに、大事そうに酒瓶を掲げては、ひとつひとつ説明する。混ぜ味の特徴から、つくられた年別の相違、あるいは生産地などの情報を細かく提供する。混ぜ合わせてつくるカクテルの場合、まず、カウンターに材料の瓶を並べるのは当然として、まるで薬剤師のように、「原料」の中身の解説を済ませてからでないと、「製造」にかかろうとしない人もいる。

こちらがお酒の事情に通じていれば、自分の知識と照合しながら、合の手を入れたり、ちらと質問ができたりするのであろうが、そうでない場合はチンプンカンプンで、やがてうっとうしくなってついつい、「なんでもいいから、おいしいの飲ませてよ」などと、投げやりに言ってしまいたくもなるにちがいない。

しかし、知識はここでも武器になる。少々でも知識があれば、よりおいしいお酒にたどりつける可能性は高くなる。それだけ心地よい時間が過ごせる。一方、「なんでもいい」と拒絶してしまうと、せっかくのおいしさにたどりつく道を、自ら閉ざすことになる。

バーのお酒は、バーテンダーという生身の人間が、その手と脳を働かせてつくる、いわば「情緒商品」であり、人の思いが味を左右しかねない。味に対して真摯な姿勢の客だと見れば、バーテンダーもまた、相応の対応をするにちがいない。

「つくるのが好きな」カクテルを尋ねる

投げやりというわけでなくても、注文に窮したときに言いたくなるのは、「お任せで」のひとことである。この人ならおいしいお酒をつくってくれるだろうから、こちらの浅知恵などに頼らずに、任せてつくってもらうのがいちばん、という発想である。

しかし、バーテンダーは、困惑する。なじみのない客で好みがわからないときは、なおさらである。「お任せ」と言われたときの表情を見ていると、やや下を向いて、微笑というのか、苦笑いというのか、ちょっとあいまいな笑いを浮かべているのに出会うことがよくある。問題を丸投げされたようなもので、それを受け止める側の気持ちは複雑にちがいない。信頼して任せてくれたと考えれば、ありがたいことだけれど、自分で全部やれと押しつけられたようなものでもあり、割りきれないであろう。飲むのは客のほうなんだから、どんなお酒がほしいのかぐらい言えよ、という心境ではないか。

そこでバーテンダーの心の負担が軽くなる方法を考えてみる。「つくるのが好きな」お酒をつくってもらうのはどうであろう。客は自分の欲求はとりあえず脇に置いておき、バーテンダーの好みを優先させる。あなたが楽しくつくれる、得意なカクテルをお願いしたいと告げる。こうして、お任せが無責任な丸投げではないことを明らかにするのである。

とりわけカクテルづくりは、バーテンダーの仕事のなかでも、核心の部分である。注文者である客のためにしていることだとはいえ、自らも心躍りながらつくるカクテルというものがあるにちがいない。とすれば、そこに、この仕事人の真骨頂が発揮されるにちがいない。

それを味わったら、さぞおいしいだろうという期待感とともに、どんな味なのだろうという好奇心も満たされて、客にとっては、興味深い一杯になる。

🍸突き出し、つまみを注文のヒントにする

店によっては、カウンターに向かって座ると、まず突き出しの皿が、すっと出てくるところがある。これは客にとっては「渡りに舟」になる。この突き出しをヒントにして、注文へ進めるからである。

ふたりで座ったら、それぞれに、似ているけれど少しずつちがう突き出しが出てきたことがある。相手のほうには、わさび入りのセサミせんべいとカカオ分が七二パーセントのチョコレート一個。こちらに対しては、胡椒を少々振りかけたジャイアントコーンとカカオ分五〇パーセントのチョコレートであった。それぞれに、柄ちがいのウェッジウッドの小皿にきちんと載っている。

このきちょうめんな突き出しの組み合わせを眺めながら頭に浮かんできたのは、味わい深いエールである。この突き出しにはやはり、エールかもしれないな、と納得しながら、カウンターに立てたつまみのリストについ目が行った。そこには、スコットランドの郷土料理ハギス（子羊の内臓の詰めもの）の自家製があるではないか。となると、やはり次はモルト・ウィスキーということになるのか、とラインナップが決まる気がする。飲み方を、突き出しとつまみに誘導されている。

そのバーの得意とする分野のお酒に誘導するツールとして、どちらも絶妙な働きをしていることになる。それに気づいたら、店の「たくらみ」に乗ってみる。まるで観覧車に座っているかのように、のびやかな気持ちになる。敷かれたレールの上を淡々と進むみたいである。これもまた、バーの時間の過ごし方のひとつである。

注文したお酒が出てきたら「ありがとう」

注文されたお酒をつくり、グラスを客の前に滑らせたとき、「ありがとう」と言ってくれると、とてもうれしい、とバーテンダーは言う。一方、バーテンダーのほうは、ふつう「どうぞ」と言ってお酒を差し出すであろう。あるいは、「〈ソルティ・ドッグ〉です」などと、出来上がったお酒の名称を口にするかもしれない。アメリカのバーに客として行ったときに、バーテンダーから「Have fun.（楽しんで）」と言われて舞い上がったという話を、日本のバーテンダーから聞いたことがある。

自分たちの世界に閉じこもってしまう

バーテンダーにとって、とても扱いやすいけれど、おもしろみに欠けるのが、相思相愛のカップルだという。彼らは周りのことなど目に入らない。自分たちの世界に入ったきりになっている。こういうふたりに対して注文のお酒を出すときは、ごくありきたりのグラスを使うことにしていると言うバーテンダーもいるくらいである。愛する相手しか目に入らないのだから、店の自慢のグラスを使うこともないと考えるのである。お酒の味までいい加減にすることはないだろうけれど、熱が入らないわけで、お酒がおいしくなるとは思えない。

カップルにかぎらないけれど、周囲から孤立すると、バーの楽しみを減らすことになりがちである。

もちろん、他人の領域に侵入することは避けなければならない。以前にはよく、ひとりの女性客の隣りに座るとかならず話しかける男の客がいたものである。さすがに最近は、そういうことはなくなったし、万一、そんなことをすればバーテンダーが割って入る。

しかし、バーの時間とともにあることは忘れないでいたい。他人の注文に耳を傾け、バーテンダーが見慣れないお酒をつくったり、準備していたら、問いかける。さらに、店内のざわめきとともにありたい。酔いが進むにつれて、気分ばかりではなくて、お酒の味わいも変化していく。その移ろいを心地よく感じる。

他人に干渉はしないけれど、自分（たち）だけで孤立しない。そのためにはまず、バーテンダーとのコミュニケーションを絶やさないことである。

「おいしくないものは嫌い」

初めて入ったバーで、「なにかラム・ベースのカクテルを」と注文したことがある。「材料でお嫌いなものはありますか」と丁寧に問われる。味に自信のあるバーテンダーなんだなと思った。ここで、「とくにありません」と返せば、なにも波風が立つことなく済んだのである。ところが思わず「おいしくないものは嫌いです」と軽口を叩いてしまった。その瞬間、まずいと思ったけれど、後の祭りとはこのことである。いったん口に出してしまった言葉は、重い。その瞬間、やられるな、と予感した。案の定、出てきたカクテルは尋常ではなかった。まるで〈マーティニ〉をラムで包み込んだみたいで、見た目も味も、じつに重々しい。さあ、これならどうだ、と言われているのと同じではないか。

生意気なことを言った罰だなと、すぐに思った。バーテンダーとしては、「おいしくないもの」など置いてあるわけがないという誇りがあるはずである。その誇りを逆撫でした罪は重大である。バーテンダーにかぎらないけれど、他の人の仕事に対して謙虚に相対さなくてはいけないことを肝に銘じた一事である。自分の仕事のことをとやかく言われて黙っている人は少ない。

🍸二杯目もバーテンダー任せにしてしまう

最初の一杯のときに、いい加減に、どれでもいいみたいな注文をしていると、そのツケが、かならずと言ってもいいぐらい二杯目にまわってくる。なんとか自分なりにまとまりのある頼み方をしようとしても、最初で崩れているので、うまくいかない。まるで、初回に相手に大量点をとられた野球みたいなもので、なんとか持ち直そうとしてもなかなかできない。あとはひたすら「九回が終わる」のを待つだけになる。

「さて、次はなんでしょう？」などと謎かけみたいなことを言い出して、バーテンダーを困らせたりする。これも、スタートのつまずきが尾を引いているのである。二杯目でもまた自分の責任で注文することをしないで、バーテンダーに寄りかかりきりになっていると、どうなるであろうか。結局、一杯目とよく似たお酒が出てくることがよくある。バーテンダーは「せめて二杯目ぐらい自分で考えなさいよ」と諭してくれているのかもしれない。

お酒をつくるのはバーテンダーだけれど、その晩の飲み方を「つくる」のは客のほうである。せめて二杯目で持ち直さないと、ズルズルと惰性で飲むだけのめりはりのない夜のなかへさまよい込んでしまう。

チーフがつくる、チーフ以外がつくる

バーテンダーがひとりだけの場合は、当然その人の独擅場《どくせんじょう》であり、その手の上で踊る以外、

客には選択の余地がない。問題は複数のバーテンダーが、カウンターのなかにいるときである。たとえ初めて入ったバーであっても、たいていの場合、チーフ（マスター、主任等々、呼び方はいろいろある）がだれかはすぐわかる。服装がひとりだけちがうケースもあるし、その態度、言葉遣い、あるいは目線を見ていれば、いかにもその場を統括する「チーフらしい」と思えるからである。

客としては当然、お酒をつくるのもきっと一番上手なのだろうと想像するから、チーフにつくってもらいたいと思う。しかし店によっては、チーフは常連に対してだけつくることもあるし、あるいは、だれであれ注文を受けたバーテンダーがつくると決まっている店もある。チーフ以外の人がつくりはじめると、客は内心で落胆する。とくに初めて入ったバーでは文字通り右も左もわからないから、チーフ頼みになってしまう。名の知られたバーになればなるほど、ナントカ・バーのカントカ・サンということで、チーフの名は人口に膾炙《かいしゃ》しているはずで、なおさら客の「チーフ志向」は強いであろう。それなのに、「格下」がつくっていると思うと、味も落ちるような気がする。そうなると不思議なもので、飲むときにどうもリキが入らなくなってしまう。

深夜の六本木で、路地の奥にあるバーに、地図を頼りにたどりついた。ひろびろとした店内に男のバーテンダーがひとりきり。話しているうちに、実際には夫婦でやっているのだとわかった。たまたま子育ての時期で、交互に店に出ているという。どちらがチーフというわけでもないらしい。同行者が、「すると、ご主人のときと、奥様のときとでは、つくるカクテルの味がちがってきますよね」と訊いたのは、当然のことだったと思う。この後、もしこの店にしばしば来るようなことになった場合、自分の好みのほうのバーテンダーがいる日を選ぶはずである。ふつうに考えると、男のほうが主体だろうけれど、妻がカクテルづくりの名手ということもありうる。

しかし、バーテンダーは、こちらの不安や心配など、まったく関係ないみたいに、事もなげに、「レシピは同じ、つくり方も同じですが、だれがつくるかでどうしてもちがうことはあります。でも、それはそれで楽しんでいただければ、と思います。これも一期一会ですから」と答えた。

たしかにそのとおりである。おいしいかまずいかを心配するよりも、夫と妻とカクテルの味がどうちがっているかに期待するほうが、楽な気持ちでいられる。

🍸バーテンダーが客を試す

隣りの見知らぬ男が、「オン・ザ・ロック」と注文する。ウィスキーのロックということなのであろう。女性のバーテンダーの反応は意外なものであった。「オン・ザ・ロックですか、オン・ザ・ロックスですか」と、問い返したのである。それも、ただ尋ねるという感じではなくて、詰問口調であった。一見して常連ではないとわかる男は苦笑いしながら、「オン・ザ・ロックで。単数でね」と応じた。

このやりとりの結果、氷をかいて丸くしたのが一個グラスにすっぽり入った、単数の「オン・ザ・ロック」が出てきた。これが複数の「オン・ザ・ロックス」だったら、氷片が数個、岩状態で重なりあい、そこにスコッチがしみ込んでいるのが出されたのであろう。バーテンダーは、好みを尋ねただけのつもりかもしれない。客によっては、どっちの形の氷がほしいかはっきりしている人もいるにはちがいないのだから。

それなら、「大きい氷ひとつになさいますか、それとも、氷がいくつか入っているほうがよろしいですか」といった、わかりやすい問いかけがあるはずである。on-the-rock か on-the-rocks かなどと、いまさら英文法の初歩の問題をいきなり出されても、面喰らうばかりであろう。

このバーテンダーが、どういうつもりだったかは別として、客を試すという過ちを犯したことになる。それはまるで尋問しているみたいでもある。このケースは極端だが、心理的な負担を負わせられては、リラックスしてバーにいられない。

バーテンダーが「おいしいですか」と質す

街を歩いていて、ふと目にしたバーに入ることはよくある。この日もそうであった。ビルの三階まで上っていった。客は他にいない。開店は一年前だという。ビートルズ、ジミ・ヘンドリクス、フランク・シナトラ、どういう脈絡なのかわからないが、知っている曲ばかりが、大きめの音量で流れている。〈マーティニ〉を注文した。まもなく出てきたのに、口をつける。その途端、カウンターの端のほうにいた男から、声がかかる。

「おいしいですか」

あまりに唐突で、こちらはどぎまぎさせられる。

「はあ、まあ」

それだけ言うのがやっとであった。

「ぼくらふたりで一所懸命がんばったもんな」

と、男は、カウンターのなかの若いバーテンダーに同意を求めた。このときになってやっと、声の主は店のオーナーなのだということに気づいた。まるで客ででもあるみたいに座っていたのである。

バーで、客に味のよしあしを訊くことはタブーに近い。尋ねられても、客のほとんどはほんとうのことは言わないはずである。だから、「おいしい」と思っているのか、「まずい」と感じているかは、バーテンダーが推察するしかないということになっているはずである。客の言葉のはしばし、表情、飲み方、それらすべてが、判断するための材料になる。それとなく客を観察し、「真実」を類推する。こうしてチェックしておくと、二杯目以降の注文の際の「参考資料」として役立つ。客のなかには、「もう少し辛めがいいかな」とか「口当たりがいいね」などと感想を述べる人も、もちろんいるであろう。それらは、バーテンダーにとっては、宝物のようにありがたい。あらゆる「資料」を駆使して、次の一杯につなげるのが、言葉に出して言うことはあまりないけれど、バーテンダーの大切な任務のひとつである。

客としては、自分にとって「将来性」のありそうなバーだと思ったら、二杯、三杯と重ねてみることである。そのたびに情報が堆積し、客の嗜好が明らかになり、バーテンダーにとってありがたいわけである。しだいに、好みに近づいていける。

しかし、店の側からの「おいしいですか」のひとことは、その積み重ねをすべてぶちこわしてしまう。自ら墓穴を掘っているも同然であろう。

🍸バーテンダーが、高額の酒へ誘導したがる

しきりに値段の高い酒へ誘導したがるバーテンダーがいる。お酒の選択権は、たとえ一見《いちげん》でも、カクテルがなにかさえわからなくても、ウィスキーのブランドを知らなくても、客の側にある。これは当然である。お酒をおいしく飲ませてくれるのが、バーテンダーの仕事のはずである。バーテンダーには、お酒の世界へのガイドを期待しているのであり、高額請求書の発行者を求めているのではない。

🍸バーテンダーが「奥様ですか」と尋ねる

そこは、カウンターのなかに、若いバーテンダーばかりが並んでいるバーであった。しばらくして、四十代と思われる男が登場する。彼は、若い連中から「チーフ」と呼ばれる。このボスなのであろう。カウンターのなかに入るなり、愛想よく、客のひとりひとりに挨拶をしてまわる。やがて、こちらにも回ってきて、丁寧に名刺を出すので、交換する。「チー

フ」はつづいて、隣りの女性の同行者に「奥様ですか」と訊いたのである。これには唖然とした。仕事を終えて一杯というのが、ふたりのこのときのありようである。

しかし、どんなふうに見えるかにかかわらず、「奥様ですか」という問いかけは完璧なフライングであろう。店を出てから、「奥様」に間違えられかけた女性は、「愛人だったらどうするんだろ？」とつぶやいた。かなり若いはずの彼女の内心には、「こいつのカミさんかよー」という忿懣もあって当然である。「チーフ」としては、「奥様」なら名刺をもう一枚出す必要がないというつもりで、そう訊いたのであろうか。

「ご主人ですか」「彼ですか」「彼女ですか」「お友だちですか」あるいは「お仕事関係ですか」に至るまで、どのような言い方であっても、客の関係に踏み込もうとするバーは、バーの名に値しない。バーにいるのは個人だけだということは、何度強調してもしすぎることはない。その必要があれば、客のほうからバーテンダーに、同行者を紹介するであろう。それも同行者にその必要の有無を尋ねてからである。

バーテンダーがフレンドリー過ぎる

「フレンドリーでないバーテンダーは、フレンドリーでない牧師のようなもの」という言い方がアメリカにある。「そんなやつはお酒でなくて、タイヤか棺桶でも売ってろ」と、アメリカの客は手厳しい。

もっとも、フレンドリー過ぎるバーテンダーにも泣かされる。こちらふたりの話のなかに、カウンターの向こうから、どんどん入ってくる人に遭遇したことがある。カウンターの内側では、外側で交わされる会話が、相当小声であっても聞こえているらしい。カウンター周りの空間が開けていて、バーテンダーは棚や壁を背負っているという構造上の特性からなのかもしれない。ともかく、客の声がよく届くようである。

そのバーテンダーは、Aという話題がはじまると、すぐに目の前に立って、こちらに混ざってしゃべりだす。しばらくするとどこかへ行ってしまう。ほっとして、話題がBになると、ちゃんと目の前に戻ってくるのである。ずっとこの調子で、ぼくたちはまるで話題の提供者として、そこにいるかのようであった。

気難しいのと、やり過ぎと、そのちょうど中間のところに、バーテンダーのベスト・ポジションはあるのではないか。

ときにある。

店の空間が客を拒む

アンフレンドリーと言えば、スペースそのものがハナから一見の客を拒んでいるバーが、ときにある。

その店に入ったときは、カウンターの両端に客がすでに座っていた。仕方なく、中央部分に腰を下ろす。背後から野球の実況中継が聞こえてくる。背後のどこかにテレビがあると思われる。目の前のバーテンダーが、こちらの頭越しに中継を堪能しているらしいからである。両サイドの客たちは、身体をやや斜めにして、やはりテレビを観ている。

こちらは後ろ向きになるわけにもいかなくて、他の連中が画面の推移に一喜一憂する様子をただ眺めるだけである。一杯だけで出てきたけれど、もう二度と来ないぞと思った。

一見の客として入って、バーの空間あるいはそこにいるバーテンダーと客に、しっくりしない感じを少しでも抱いたら、その店に通うことはない。すぐにあきらめることである。その店の客の目的は、お酒とおしゃべり以外のなにかにある。先の例では、野球中継である。

したがって、そこへ通ううちに、バーテンダーとのやりとりや相客の注文の仕方などを見聞きしながら、しだいにお酒がおいしくなっていく可能性はまずない。

「予約受け付けます」

このごろは、レストランでも、居酒屋でさえも、予約があたりまえになっている。食事の場合は、それなりにお腹を空かせて、ある覚悟の上でやってくるわけだから予約があるのは仕方がない。しかし、バーにかぎらないけれどお酒の場は、飲みたくなったときに、気に入った店へ出かけていって、しばし酔いを呼び込んで出てこられる軽さに、その価値があるのではないか。

ところが、予約でいっぱいかもしれないとか、年末年始などには貸し切りかもしれないという不安な気持ちが少しでもあると、川のなかの石に妨げられる流れになった気分で、気持ちがねじ曲がってしまう。

たまたま満員なら仕方がない。あきらめる。しかし、予約や貸し切りは、あらかじめバリアを張るようなものである。客に潜在的な恐怖心や警戒心を植え付ける。バーと客のフリーな関係が、これでは成り立たなくなってしまう。

バーで他の店のバーテンダーに遭遇する

「うちのことをどこでお知りになりましたか」と、初めてのバーでは、よく訊かれる。この日に出かけた店もそうであった。ここのことは別の店のバーテンダーから聞いたのである。だから、そのとおりに説明した。しばらくして、扉が開いた。ドアは、カウンターとは向かい合う位置にあるので、そこに座っている客には、振り向きでもしないかぎり、だれが入ってきたのか、わからない。背後に人の気配がして、目の前のバーテンダーが、下を向いて、くすくす笑い出した。なにごとであろうか。気になって振り向くと、さきほど話題にしたばかりの、別の店のバーテンダーが立っている。

聞けば、自分の店の開店前に、一杯飲んでからと思い、立ち寄ったのだという。他には客がいない。別々の店のふたりのバーテンダーに囲まれたことになる。バーテンダーはカウンターの向こうにいるもので、こっちにもあっちにもというのは、珍しい。バーを多く経験すると、こういう椿事にも遭遇する。

別の店のバーテンダーのほうが、注文した一杯をさっと飲んで、すぐに出ていったけれど、芝居のなかに他の芝居が割り込んできたようで、奇妙な感じがした。

バーテンダーはたいてい、客と出会いそうもない酒場を確保しておき、プライベートでは、そこで飲むことにしているらしい。店を終えて、帰宅する前に一息入れるためとか、一番電車が出るまでの時間待ちとか。

間違い注文を引き受ける

「サイドカー」と注文するつもりが、「ダイキリ」と言ってしまったらしい。目の前でバーテンダーがつくりはじめるのを眺めていて、おかしいな、と思う。尋ねてみて、こちらの言い間違いだったことに気がついた。快く変更してくれたけれど、なにか気まずい。言い訳のしようのない、客のミスである。ありえないはずの間違いをしてしまった。だから、なにも言えなくなり、向こうもなにも言わないでいる。気まずい沈黙というのは、こういうことであろう。

これを救ってくれたのが同行者である。「いまの〈ダイキリ〉、まだ生きてますか」と言い出した。つくりかけのカクテルを自分が引き受けようという。このとき相手は、モルトのストレートをすでに注文してあり、出されるのを待っている状態であった。しかし、「そういう流れもあるかな、と思って。これもなにかの巡り合わせ。私にください。モルトはどこでも飲めるでしょ」と言ってくれる。

カクテルも、こちらも、浮かばれる。ときに遭遇する、バーにおける粋な振る舞いのひとつである。

三人でカウンターに並んでいて、あるコマーシャルの話題になった。自分の言いたいことを強調したいと考えたのであろう。無意識に左手を挙げた、らしい。そのとき、指がなにかに触れたような気がした。慌てて左手を振り返った。丈高のシャンパン・グラスが傾いているではないか。どうしたんだ？　次の瞬間には、ガシャッという音がして、グラスは消え、ガラスの破片が、カウンターを流れる液体のなかに散らばっている。割ってしまった。

「触らないでください」と制してから、バーテンダーは、手早く残骸を拭き取り、「形あるものは壊れるのですから」と言った。これが、この場合の常套句だとはかねがね聞いていたけれど、やはりそうだったかと思う。不謹慎だけれど、これにはとても感動した。

この場合、客としては棒のように身を固くしていることしかできないわけで、店の側の処理を見つめる以外には、身を処する手立てがない。

割ってしまってからあらためて言うのもなんだけれど、バーのグラスは高価であり、それだけに割れやすいものが多い。丁寧に扱うのがマナーである。乾杯しようと言い合いながら、グラスを合わせる客には、バーテンダーは胸が縮む思いがするという。少し力を入れてグラスを合わせただけで割れかねない。したがって、不用意に手を触れてカウンターに倒してしまうなど論外ということになる。

グラスを褒める

日本の茶道では、お茶碗が珍重され、その褒め方の作法があるらしい。バーでも、グラスを褒めることは、客のマナーと考えていいであろう。もちろん、グラスになどこだわらないバーテンダーもいるけれど、多くは、なんらかの執着を持って、集めたり、使ったりしている。グラスは、その場に映え、なかの液体をおいしそうに感じさせる。第一、美しいグラスで飲むのは楽しい。気に入ったグラスがあったら、素直に感嘆の言葉を口にする。これは必須である。

この褒め言葉をきっかけとして、グラスについて熱っぽく語り出すバーテンダーは多い。グラス好きのバーテンダーがつくるカクテルには、しばしば主張がある。気に入ったグラスを前にしていると、心のなかにあたためていたオリジナル・カクテルのアイディアが、突然具体化してくることがあると話す人もいる。

グラスは、お酒をつくるプロが、おそらくはもっとも強く惹かれているし、愛着もする小道具であろう。

🍸二軒目ではバーテンダーに委ねる

別の店ですでに飲んだ後に、二軒目のカウンターに座ると、途方に暮れることがある。またはじまるのか、と思う。この「内心の空虚」を、優れたバーテンダーは見逃さないらしい。とっておきの球を投げてくる。これをどうしても打ち返せない。三振、バッターアウトである。二軒目の扉を開けながら、最後に一杯〈マーティニ〉だけで、その夜の終わりにしようと思っていたとする。ところが、出てきた〈マーティニ〉に感動するあまり、もう一杯なにか、と欲張ってしまったりする。そこで出てきた〈マンハッタン〉に、身を切り刻まれるくらいに感動したことがある。相手は、よほどの力量のあるバーテンダーである。すでに酔いがはじまっている客に、カクテルの王様と女王様を提供し、堪能させるのだから、並の腕前ではない。

ともあれ二軒目にまで進むときは、自分の好みにとりわけよく通じていてくれる、信頼の厚いバーテンダーの前に座ることである。そして、その夜のお酒の履歴を打ち明ける。まるで占い師におうかがいを立てるみたいである。「このように飲んできた私は、この後どうすればいいのでしょうか」と問いかけているようなものである。

深酔いの客に水はすすめない

もう飲めないはずなのにまだ飲みたい。夜が更けるにつれ、こういう酒飲みは増えていく。しかも、深酔いの客にかぎって、強いお酒を飲みたがる。しかし、「もうお水にしておいたほうがいいですよ」とすすめるとしたら、それは自分がバーをやっていることを否定するのと同じだと、あるバーテンダーは言う。それでは、こういう場合、どう対処するのか。水で薄めたのを黙って出すのだという。バーテンダーの側からの酒飲みへの、これがリスペクトの表現になっている。

ラインナップにこだわる

きょうはまず、あれを飲んで、次はこれにして、それからそれからという具合に、スケジューリングして飲む酒飲みがいる。そんなことしておもしろいの？　と訊くと、おもしろい、おもしろくないじゃなくて、これだと安心なんだよね、と答える。自分のペースがわかっているし、どのあたりで酔い出すかも読めているので、ああもう限界かなと思えば、「戦線から兵力を撤収できる」と。

兵力はたしかに温存できるかもしれない。奇襲にも出なければ、突然敵に包囲されることもない。もちろんバーへ出かけていくのは、戦争へ行くわけではないけれど、スリリングな展開を待ち望む気持ちがある。しかし、この飲み方では、それを期待できない。

終わりのときが近づいていた夜のことである。「バシッとしたやつを決めてくれよ」と、見知らぬ客が、バーテンダーに挑んでいるのを目撃した。これを迎え撃つ若いバーテンダーが、〈スモーキー・マーティニ〉なるものをつくったのである。それは、ジンと、スモーキーなモルト・ウィスキーを合わせるという技であった。そのグラスが目の前を移動していくのを目にしながら、不穏な気分に駆られた。

その夜はそれまで、粛々として、波風のないルートを歩んできていたのである。最後に、スモーキーなどではもちろんない、ふつうの〈マーティニ〉へたどりつこうと、そのためのタイミングを計っていた。そこへ、とんでもない「爆弾」を落とされて、〈マーティニ〉へこのまま突き進んでいいのだろうかという思いが湧いた。「スモーキー」に、その夜の静穏が破られた思いであった。

この日は、自分の酔い方に自信がなくて、「スモーキー」を試すのを、結局は断念した。

しかし、どうしても頭を離れない。しばらくして、この異種マーティニだけをつくってもらうために、くだんのバーへ出かけていったものである。

気が変われば、迷わずルートを変えなくてはいけない。柔軟な「兵力展開」の必要を肝に銘じた一事であった。

決まりきった飲み方に終始していると、いったい自分はなぜバーで飲んでいるのかと、そのあたりがわからなくなってくる。とりわけ、最後に悔いが残る。これが困ってしまう。

今宵最後の一杯を、ほんとうに最後にさせる

これで最後にする、と言いながら、なかなか最後にならないで、逡巡する。この気の迷いを断ち切るためにどうすればいいかを、あるヴェテランのバーテンダーから学んだ。

その教えそのものは簡単であった。最初の一杯のような雰囲気のお酒を飲みなさい、ということである。そう言いながら、その人がつくったのは、ラム・ベースのさっぱりしたロング・ドリンクであった。

これを飲んでいると、その夕べのはじまりがまざまざと思い出される。たまらない。さっそく尻尾をまいて帰途に就いたものである。

お金の足りない客を温かく遇する

お勘定という段になって、お金が足りない。そんな状況にいつか陥るのではないかと思い思いしてきた。カードがあればいいかというと、そうでもない。バーは、店によって、カード払いが「ほとんどどのカードでも可」と「不可」とに分かれるようである。運良く前者ならいいけれど、その店が後者である可能性も捨てられない。とりわけ、初めて行くバーでは、そのあたりがはっきりしていない。

客がだれもいなくなった、深夜に近いバーでのことである。一緒に飲んでいた相手がトイレに立った。その間に支払いを済ませておこうと思い、「お勘定を」と言った。この店は自分が払う番にあたっていた。勘定書きが出てきたけれど、これはお金が足りないと、その段階でわかった。とうとう「足りない」日が来たのである。それでも、同行者がいるからパニックにはならないけれど、相手が戻ってくるまで、ともかくおしゃべりでつないでおこうと思った。その足りない財布を握りしめて、ぺらぺらぺらぺら、自分でも信じられないくらいよくしゃべる。

こちらの「挙動不審」は、バーテンダーならわかっているはずである。しかし、にこやかに悠然と、おしゃべりの相手をしてくれる。汗々の当方は、さすがだな、と改めて思う。相手がトイレから出てくる姿に、後光が射しているみたいであった。ひときわ大声で、「足りないんだよ。お金、貸してよ」。バーテンダーはあいかわらず、にこにこと、何事もないように振る舞った。

チャージ

バーテンダーが仕切るバーには、ふつうチャージと呼ばれるシステムがある。飲食代金以外に一定の金額が載せられる。三百円ぐらいから、稀に三千円などという店もないわけではない。ふつうは、五百円から千円前後と考えていいであろう。

これは、技術料プラス情報料と考えればいいであろうか。バーテンダーには、お酒をおいしくつくるための技術がある。だから、これに対して敬意を表し、これからもいっそうおいしいお酒をつくってもらいたいという願望を、チャージに込める。もうひとつは、カウンターでおしゃべりをさせてもらったり、お酒づくりの現場を眺めたりして、より良い酒飲みになるための、生の情報を得ていることに対するお礼の気持ちという側面もある。

つまり、バーテンダーの技術とサーヴィスは、現在では、きわめて貴重なものであり、それを大切に思う気持ちの表現であると同時に、バーテンダーのなかに蓄積されているデータを使わせてもらう使用料でもある。その理解が正しいかどうかはともかく、そのように納得している。

ただし、一杯だけ飲んで、さっと帰るという利用の仕方では、いかにもチャージの割合が大き過ぎる。たとえば、チャージが五百円で、カクテルが千円の場合、一杯で店を出ると、千五百円になっている。これでは納得できないにちがいない。少し時間をかけて、二杯なり三杯なり、杯を重ねるのが、賢明ということになろう。そのぐらいの時間的な余裕と気持ちのゆとりがないと、バーは利用しにくいということにもなる。

一方、日本には、一杯だけでパッと帰れるバーが、これまであまりにも少なかったという事情もある。いったん入ると腰を落ち着けないわけにはいかなくなる。しかし最近、立飲みスタイルのバーが増えつつある。

そこで、チャージの恩恵が受けられ、じっくり飲めるバーと、軽く飲み、ときには食べて帰れるバーとの使い分けができるようになろうとしている。

その結果、チャージは、本格的なバーに、その本格を維持してもらうために支払う保険料とも考えられるようになるかもしれない。欲張りな言い分だけれど、バーテンダーにはさらに切磋琢磨してほしいし、店内の好ましい雰囲気が保たれることが望ましい。

帰りがけに「ごちそうさま」

ともかくお勘定を払い終え、ストゥールを降りて帰りかける客が、バーテンダーのほうを振り向いて、「すっごくおいしかったよ」と言う。バーテンダーとしては、そう言われれば、もちろんうれしくないことはない。しかし、ふつうに「ごちそうさま」のほうが、もっとうれしいのだという。

閉店時間がない

ふつう、バーは何時閉店とは言わない。午後六時から翌午前二時まで、というように営業時間は明示してある。この場合だと、午前二時までに入ってきた客は受け容れることが多い。ラスト・オーダーの時間を決めておいて、その後も残った客には、飲み終えた人からぱらぱらと帰ってもらう仕掛けもある。店内に客が残っているかぎり開いているバーがよくある。これは他の飲食業ではあまりない。客のほうはそれでも、一番電車が出るあたりをメドに帰っていくらしい。しかし、日が出てもなお居残っている客もときにはあり、それを許容するバーは少なくない。

あるバーで、「きょうは午前十一時まで開けていました」と言われたことがある。つまり、前夜から午前十一時まで営業していたということである。バーテンダーはいったん閉めて、自宅へ戻り、仮眠をとって、数時間後にはまた営業をはじめたという。

さらに、「朝、窓から女子高生が外を歩いているのが見えましたよ。不思議でした。うちはラスト・オーダー何時とは決めていません。以前、午後二時までやっていたことがあります。そう言えば、朝の散歩に出たら、ドアが開いていたので、と九時半に入ってきた人がいましたね。なにかカクテルをつくりましたが、なにつくったのか、もう忘れました」との話もあった。

バーは不思議な場所である。

あとがき

バーと付き合うようになってから、十数年が経つ。それは、中年から老年に入る時期にあたっている。もっとも、それ以前にバーと没交渉だったというわけではない。その扉を開けて入ったことが何度かはある。ただし、おそるおそるであって、バーという空間に落ち着きをおぼえ、バーテンダーを正視できるといった状態ではなかった。自分にとっては無縁の場所、近づきがたいスペースと思い込んでいた。

その違和感のある世界とつながりができたのは、食の雑誌『dancyu』（プレジデント社）で、東京のバーを毎回一軒ずつ取り上げて、その店についてエッセーを書く仕事をはじめたのがきっかけであった。この連載記事では、はじめはこわごわ震えながら、やがて居直って知ったかぶりをしつつ、さまざまのバーを取り上げてきた。

バー・エッセーは、思いがけず長くつづいた。途中二年ほどのブランクをはさんで、一五年ぐらいにはなるであろう。エッセーとして書くのは、毎月一軒のバーについてだけれど、そこに決めるまでに、いくつかの店へ行ってみる。それを月ごとに繰り返すわけだから、どんどん数は増えていく。数えたわけではないので正確なところはわからないけれど、すべてを合わせると四〇〇軒近いバー、それもほとんどが東京近辺のバーを巡ったことになるであろう。

こうなると、否応なしに、バーは自分の生活の一部になっていく。もちろん、当初の違和感がそのままずっとつづいていて、どうしてもバーになじめないということであれば、いかにたくさんバーに通おうと、自分との間には、すきま風が吹きっぱなしの状態だったろうし、連載もこれだけ長くはつづけられなかったにちがいない。ところが、幸か不幸か、バーを好きになってしまった。

バーってなかなかいいじゃないか、そこにいると楽しいよ、バーテンダーっておもしろい人たちだ、それにもちろん、バーにいるとお酒の楽しみ方がどんどん広がっていく。そういう次第で、こちらの一方的な思い込みかもしれないけれど、バーに対して親近する気持ちを抱くようになった。自分の人生のなかでも、バーとともかく近づきになれたのは、幸せなことのひとつだったと思う。

一方、バーについて知るようになると、バーや、その場所を仕切るバーテンダーに対する誤解も目につくようになった。偏見と言えるぐらいに、社会的な広がりを持つ誤解もかなりある。バーテンダーのことをバーテンと呼ぶのなど、いまでは少なくなったとはいえ、まったく耳にしないわけではない。女性ひとりでは、バーに入れないと信じている人もかなりいる。あるいは、カクテルは「女の飲むものだ」と信じて疑わない男の前で、バーテンダーが沈黙する場面にも出会ったことがある。

あるいは、かつて自分自身がそうであったように（いまも完全に払拭されたわけではないのだが）、バーとどう付き合うかについて、戸惑いや懸念を抱く人は少なくない。カウンターに座って、どう注文したらいいかわからないという呆然自失もあるし、目の前にいるバーテンダーと目が合うのが怖いという、神経症まがいのとまどいさえある。それらはぎごちない態度やうっとうしい感情となって表われてしまい、せっかくバーへ出かけても、十分に楽しむことができないであろう。

バーと自分の付き合いを振り返ってみると、バーとの距離が縮まって、フレンドリーな気分になれ、楽しさが増していくという経験が何度かある。この本では、そのあれこれを書き綴った。

最近は、東京にかぎらず各都市に、バーテンダーが力を発揮する、本格的なバーが増えてきている。お酒をおいしく飲むとともに、バーでの時間を、人生の楽しみのひとつとして満喫する人たちがたくさんいる。

これからバーというものに近づきたいと思っている人が、心に障壁をつくらずに、この楽しさに向き合うための一助に、この本がなれたらいい。あるいは、すでにバーになじんでいる人には、さらに楽しみが深まり、バーへの親しみが増すきっかけになるかもしれないという思いもある。

先にも述べた雑誌連載でのバー経験を下敷きとして、この本は書かれている。ロングランのバー行脚では、最初からずっと、西脇清美さんがバックアップしてくれ、同行して取材にあたった。連載のなかでは「連れ」として登場していただいている。この本でも、何度か「覆面をして」姿を見せている。ぼくなどよりはるかにバーについて造詣の深い彼女の、かずかずの教示のおかげがあって、本書も書けた。感謝したい。

先の連載の写真を担当した長嶺輝明氏に今回もカラー口絵の撮影をお願いした。扉イラストの桑原節氏とともに、殺風景な文章に彩りを添えていただいている。どうもありがとう。

さらに、これまでに数え切れないくらいたくさんのバーを訪ね、多くのバーテンダーに出会った。そのひとつひとつが、自分自身の「バーのある人生」を豊かにしてくれている。今回、文中にエピソードあるいは発言として使わせていただいたバーテンダーのいるバーについてのみ、その店名を、次に列挙させていただき、謝意を表したい。

〈**東京**〉

サンボア、スラッグス、ル ヴェール、洋酒博物館、リトルスミス、オーパ、ラグタイム、トスティ、酒仙堂、テンダー、モーリ・バー、キスリング、ファロ資生堂、スタア・バーギンザ、草間、アール、モンド・バー（銀座）

オールド インペリアル バー（内幸町）

トニーズ・バー（新橋）

バルアヴァンタテルヨシノ（汐留）

ピエタス・リーズ・バー（赤坂）

セカンド・ラジオ（青山）

タフィア、オレンジ（西麻布）

オン・ザ・ロックス（麻布十番）

コレオス、カズ、石の華（渋谷）

ル　ザンク（円山町）
リカヴァー（富ヶ谷）
ブルー、ブラウン・ジャグ（恵比寿）
コーナー　ポケット（都立大学）
ランチャ（桜新町）
ホワイトホース（四谷）
ル　パラン、スティング（新宿）
甃《いしだたみ》（神楽坂）
アンテオホス（大久保）
ブリック（中野）
イザラ（高円寺）
ウッディ、ジョージズバー（吉祥寺）
ヒース（国立）
夜警、フルハウス、ソラ、零（池袋）
アベ、エスト（湯島）

アルビオンズ・バー（十条）
コズミック・ソウル（北千住）
フラミンゴ、ねも、ドラス、サムシン、バーリィアサクサ（浅草）
オズ（新大橋）
フストカーレン（江戸川）
〈**横浜**〉
シーガーディアンII
〈**大阪**〉
サンボア、リー
〈**神戸**〉
O_2
〈**札幌**〉
ガス燈、ドゥ・エルミタアジュ
〈**金沢**〉
マルティニ

あとがき

〈博多〉

セプドール、七島、ハートストリングス

（順不同）

なお、東京近辺のバーに関する情報は、当方のサイト WAVE *the* FLAG の「東京の Bar」（http://www.edagawakoichi.com/tbar/tbar.html）を参照されたい。

最後になってしまったが、中公新書編集部の松室徹氏には、すっかり迷惑をかけた。著者の怠惰による刊行の遅延という事態には、お詫びの言葉もない。したがって、ここに同氏に呈する謝辞には、感謝と陳謝と、ふたつの意味を込めていることをお断わりする。

なお、さまざまな人々の助けを得て形になったこの本だが、文中の記述についての責任はすべて著者にあることはもちろんである。

二〇〇六年二月一日

著　者

枝川公一（えだがわ・こういち）

1940年（昭和15年），東京に生まれる．出版社勤務ののちフリー．現在，ノンフィクション作家．
著書『日本マティーニ伝説』（小学館文庫）
『新・東京のBar』（プレジデント社）
『銀座四丁目交差点』（二見書房）
『シリコン・ヴァレー物語』（中公新書）
ほか多数

バーのある人生《じんせい》
中公新書 *1835*

2006年2月25日発行

著　者　枝川公一
発行者　早川準一

本文印刷　三晃印刷
カバー印刷　大熊整美堂
製　　本　小泉製本

発行所　中央公論新社
〒104-8320
東京都中央区京橋 2-8-7
電話　販売部 03-3563-1431
　　　編集部 03-3563-3668
URL http://www.chuko.co.jp/

Published by CHUOKORON-SHINSHA, INC.
Printed in Japan　ISBN4-12-101835-4 C1236

中公新書刊行のことば

いまからちょうど五世紀まえ、グーテンベルクが近代印刷術を発明したとき、書物の大量生産は潜在的可能性を獲得し、いまからちょうど一世紀まえ、世界のおもな文明国で義務教育制度が採用されたとき、書物の大量需要の潜在性が形成された。この二つの潜在性がはげしく現実化したのが現代である。

いまや、書物によって視野を拡大し、変りゆく世界に豊かに対応しようとする強い要求を私たちは抑えることができない。この要求にこたえる義務を、今日の書物は背負っている。だが、その義務は、たんに専門的知識の通俗化をはかることによって果たされるものでもなく、通俗的好奇心にうったえて、いたずらに発行部数の巨大さを誇ることによって果たされるものでもない。現代を真摯に生きようとする読者に、真に知るに価いする知識だけを選びだして提供すること、これが中公新書の最大の目標である。

私たちは、知識として錯覚しているものによってしばしば動かされ、裏切られる。私たちは、作為によってあたえられた知識のうえに生きることがあまりに多く、ゆるぎない事実を通して思索することがあまりにすくない。中公新書が、その一貫した特色として自らに課すものは、この事実のみの持つ無条件の説得力を発揮させることである。現代にあらたな意味を投げかけるべく待機している過去の歴史的事実もまた、中公新書によって数多く発掘されるであろう。

中公新書は、現代を自らの眼で見つめようとする、逞しい知的な読者の活力となることを欲している。

一九六二年一一月

中公新書

言語・文学・エッセイ

j1

433 日本語の個性 外山滋比古
1199 センスある日本語表現のために 中村 明
1667 日本語のコツ 中村 明
1768 なんのための日本語 加藤秀俊
1416 日本人の発想、日本語の表現 森田良行
969 日本語に探る古代信仰 土橋 寛
533 日本の方言地図 徳川宗賢編
500 漢字百話 白川 静
1755 部首のはなし 阿辻哲次
1831 部首のはなし2 阿辻哲次
742 ハングルの世界 金 両基
5 象形文字入門 加藤一朗
1212 日本語が見えると英語も見える 荒木博之
1533 英語達人列伝 斎藤兆史
1701 英語達人塾 斎藤兆史
1734 ニューヨークを読む 上岡伸雄
1448 「超」フランス語入門 西永良成
352 日本の名作 小田切 進
212 日本文学史 奥野健男
1678 快楽の本棚 津島佑子
1753 眠りと文学 根本美作子
563 幼い子の文学 瀬田貞二
418 ことば遊び 鈴木棠三
1068 昔話の考古学 吉田敦彦
1550 現代の民話 松谷みよ子
1787 平家物語 板坂耀子
1233 夏目漱石を江戸から読む 小谷野 敦
1556 金素雲『朝鮮詩集』の世界 林 容澤
220 詩 経 白川 静
1418 『西遊記』の神話学 入谷仙介
1312 金瓶梅(きんぺいばい) 日下 翠
1815 〈鬼子《グイツ》〉たちの肖像 武田雅哉
1287 魯 迅(ろじん) 片山智行
1798 ギリシア神話 西村賀子
1672 ドン・キホーテの旅 牛島信明
1395 贋作《がんさく》ドン・キホーテ 岩根圀和
1254 ケルト神話と中世騎士物語 田中仁彦
1062 アーサー王伝説紀行 加藤恭子
1610 童話の国イギリス ピーター・ミルワード 小泉博一訳
275 マザー・グースの唄 平野敬一
1343 ジェイン・オースティン 大島一彦
1204 ガヴァネス(女家庭教師) 川本静子
1790 批評理論入門 廣野由美子
638 星の王子さまの世界 塚崎幹夫
338 ドストエフスキイ 加賀乙彦
1757 永遠のドストエフスキー 中村健之介
1404 シュテファン・ツヴァイク 河原忠彦
1774 消滅する言語 デイヴィッド・クリスタル 斎藤兆史・三谷裕美訳
1833 ラテン語の世界 小林 標

中公新書

言語・文学・エッセイ

j2

1656 詩歌の森へ　芳賀徹
1729 俳句的生活　長谷川櫂
1800 カラー版 四季のうた　長谷川櫂
1715 男うた女うた―男性歌人篇　佐佐木幸綱
1716 男うた女うた―女性歌人篇　馬場あき子
1725 百人一首　高橋睦郎
1455 百人一句　高橋睦郎
1357 川柳 江戸の四季　下山弘
824 辞世のことば　中西進
686 死をどう生きたか　日野原重明
754 百言百話　谷沢永一
1642 水戸光圀語録　鈴木一夫
1480 宇宙をうたう　海部宣男
3 アーロン収容所　会田雄次
470 わがアリランの歌　金達寿
578 山びとの記（増補版）　宇江敏勝
956 ウィーン愛憎　中島義道
1770 続・ウィーン愛憎　中島義道
1761 回想 黒澤明　黒澤和子
1411 新聞記者で死にたい　牧太郎
1410 新・本とつきあう法　津野海太郎
1489 能楽師になった外交官　パトリック・ノートン 大内侯子・栩木泰訳
1419 ガーデニングの愉しみ　三井秀樹
1702 ユーモアのレッスン　外山滋比古
1778 ぼくの翻訳人生　工藤幸雄
1719 まともな人　養老孟司
1819 こまった人　養老孟司
1835 バーのある人生　枝川公一

中公新書

芸術

k1

1613 タイトルの魔力 佐々木健一
1741 美学への招待 佐々木健一
1296 美の構成学 三井秀樹
260 能の表現 増田正造
1412 知られざる芸能史 娘義太夫 水野悠子
1220 書とはどういう芸術か 石川九楊
1384 神々と英雄と女性たち 長田年弘
118 フィレンツェ 高階秀爾
385 386 近代絵画史(上下) 高階秀爾
1781 マグダラのマリア 岡田温司
1458 現代絵画入門 山梨俊夫
1827 カラー版 絵の教室 安野光雅
1816 西洋音楽史 岡田暁生
1585 オペラの運命 岡田暁生
1370 バルトーク 伊東信宏
1567 ヨハン・シュトラウス 小宮正安
1735 漱石が聴いたベートーヴェン 瀧井敬子
964 アカデミー賞 川本三郎
1477 銀幕の東京 川本三郎
1616 映画の真実 佐藤忠男

地域・文化・紀行

t2

- 560 文化人類学入門（増補改訂版） 祖父江孝男
- 741 文化人類学15の理論 綾部恒雄編
- 1311 身ぶりとしぐさの人類学 野村雅一
- 1731 ブッシュマンとして生きる 菅原和孝
- 1822 イヌイット 岸上伸啓
- 1339 多文明世界の構図 高谷好一
- 1421 文明の技術史観 森谷正規
- 92 肉食の思想 鯖田豊之
- 1297 水道の思想 鯖田豊之
- 710 ドナルド・ダックの世界像 小野耕世
- 1305 旅行ノススメ 白幡洋三郎
- 1698 日本 川紀行 向一陽
- 1830 鉄道の文学紀行 佐藤喜一
- 1649 霞ヶ関歴史散歩 宮田章
- 1604 カラー版 近代化遺産を歩く 増田彰久

- 1542 カラー版 地中海都市周遊 陣内秀信・福井憲彦
- 1748 カラー版 ギリシャを巡る 萩野矢慶記
- 1692 カラー版 スイス―花の旅 中塚裕
- 1745 カラー版 遺跡が語るアジア 大村次郷
- 1603 カラー版 トレッキングinヒマラヤ 向一陽・向晶子
- 1671 カラー版 アフリカを行く 吉野信
- 1785 カラー版 フライフィッシング 齋藤直樹
- 1417 花が語る中国の心 王敏
- 417 食の文化史 大塚滋
- 513 そばや今昔 堀田平七郎編
- 640 食事の文明論 石毛直道
- 1362 コシヒカリ物語 酒井義昭
- 1579 日本人のひるめし 酒井伸雄
- 1806 京の和菓子 辻ミチ子
- 636 日本の酒づくり 篠田次郎
- 1386 吟醸酒への招待 篠田次郎
- 415 ワインの世界史 古賀守

- 612 比較ワイン文化考 麻井宇介
- 1606 ワインづくりの思想 麻井宇介
- 596 茶の世界史 角山栄
- 1095 コーヒーが廻り世界史が廻る 臼井隆一郎
- 1267 パンとワインを巡り神話が巡る 臼井隆一郎
- 1443 朝鮮半島の食と酒 鄭大聲
- 1284 森林理想郷を求めて 平野秀樹
- 650 風景学入門 中村良夫
- 1590 風景学・実践篇 中村良夫